INONDATIONS

DE 1856.

RÉCIT

DES

INONDATIONS

En France

PENDANT LES MOIS DE

MAI ET JUIN 1856.

LYON

F. CAJANI, ÉDITEUR

9, rue des Trois-Maries.

—

1856

PRÉFACE

Dates néfastes ! 1840 et 1856 ! A seize ans d'intervalle, le même fléau s'est étendu sur nos contrées ; mais alors, comme aujourd'hui, et en présence du malheur, les hommes se sont souvenus qu'ils étaient tous frères, et que, membres de la même famille, ils se devaient un mutuel appui. La bienfaisance publique et privée a séché bien des pleurs, et la divine charité s'est trouvée à la hauteur du mal à réparer. L'exemple descendu du trône a

1

activé, s'il était possible, la générosité du caractère français ; *la ville des aumô-nes* a été digne d'elle. Le riche a partout tendu au pauvre une main fraternelle. De nobles dévouements ont eu lieu, et nous inscrirons tous ceux venus à notre connaissance. Mais après leur avoir payé un juste tribut d'éloges, notre cœur n'est pas moins attristé par le souvenir des maux que la patrie a soufferts.

Que d'infortunes à soulager ! et toutes ne sauraient l'être ! Que de familles d'ouvriers sans asile, sans travail, et presque sans pain ! des campagnes ravagées, et pour longtemps improductives ! des villages, des villes à moitié détruits ! voilà ce qu'en quelques heures deux fleuves courroucés ont amoncelé de ruines et de désolations.

Nous allons essayer de retracer brièvement les diverses périodes de ce désastre,

et nous ne croyons pouvoir mieux faire
que de placer ce travail, destiné à conserver la mémoire de nos maux, sous les
auspices de ces vers qu'une calamité
semblable inspirait, en 1840, à M. de
Lamartine.

Sur les bords écumants des fleuves,
Qui roulent des flots et des cris,
Les vieillards, les enfants, les veuves
Pleurent leur asile en débris.
La cime d'arbre est le refuge
Que l'homme dispute aux oiseaux,
Et la voix morne du déluge
S'éteint par degrés sous les eaux.

L'ange des détresses humaines
Recueille ces vagissements,
Ces sanglots, ces chutes soudaines
Des villes sur leurs fondements.
Aux sourds craquements des collines
Mêlant ses lamentations,
Il souffle aux oreilles divines
Le chant de deuil des nations.

Mais bientôt la terre s'essuie,
D'autres bruits changent son accent :
C'est l'arbre courbé sous la pluie
Qui frémit au jour renaissant ;
C'est le marteau, c'est la truelle
Qui rebâtit le nid humain ;
C'est l'or abondant qui révèle
L'aumône en sonnant dans la main.

L'ange de la céleste joie
Passe, emportant au créateur
Ces bruits que le bienfait renvoie
A l'oreille du bienfaiteur.
Il en forme un concert de grâces
Qui dit au Seigneur irrité :
« Ton déluge n'a plus de traces
» Sur un globe de charité. »

A. DE LAMARTINE.

APERÇU GÉNÉRAL

Pour qui connaît nos contrées, rappeler mil huit cent quarante, c'est réveiller un souvenir désastreux ; c'est faire revivre une époque, où, pleines d'angoisses et de terreurs, les populations fuyaient à la hâte devant le fléau dévastateur, ou s'asseyaient mornes et plaintives auprès des ruines informes de leurs demeures. L'imagination et la parole demeurent impuissantes à reproduire la majestueuse horreur d'un tableau pareil. Le peintre seul, par la magie du pinceau, a pu en donner une idée en nous montrant la dernière famille se débattant, dans un suprême effort, au milieu des eaux du déluge universel, et au loin, à l'horizon, l'arche fragile qui portait en ses flancs l'espérance de la race humaine à venir. C'est dans de tels moments que nous devons comprendre combien nous sommes faibles en présence de la nature, et que de progrès encore il nous reste à accomplir avant d'être parvenus à la dompter entièrement.

Seize ans s'étaient écoulés... Lyon avait vu s'accroître de plus d'un tiers sa population ; les maisons renversées avaient été reconstruites, peu à peu les désastres étaient réparés, le souvenir de la date néfaste dont nous venons de parler allait s'amoindrissant ; encore quelques années sans doute et ce n'eût plus été qu'un rêve à peine attesté par les marques imprimées sur la pierre des édifices publics. Lyon continuait à s'enorgueillir de la ceinture de fleuves qui apportent dans son sein les productions les plus variées ; elle s'endormait entre leurs rives et se laissait bercer au murmure de leurs eaux, tranquille et confiante comme Catane au pied de l'Etna. Le ciel plus clément, après plusieurs années infécondes, semblait promettre les moissons les plus riches et les plus belles. Une paix glorieuse signée à Paris, fermant l'ère des discordes homicides, conviait tous les peuples aux luttes pacifiques des arts et de l'industrie.

Hélas! tous ces présages heureux étaient menteurs; tous ces espoirs devaient être trompés; mil huit cent cinquante-six allait faire oublier mil huit cent quarante. L'inondation, plus terrible que l'incendie, — car on ne peut lui faire sa part, — allait de nouveau ravager nos provinces, et cette fois ce n'était plus Lyon seul, c'était la France presque entière qui devait en souffrir. Depuis la Loire jusqu'aux Pyrénées, depuis le Rhône et les Alpes juqu'à la Méditerranée, toutes ces contrées riches et fertiles entre toutes, la Touraine, ce jardin de la France, la Provence, le Languedoc ont vu les fleuves qui les arrosent rompant leurs digues, s'élever au dessus de leurs rives submergées, et, furieux, écumants, entraîner les récoltes, les moissons, les troupeaux dans leur course irrésistible. En face de telles calamités impossibles à prévenir, plus impossibles encore à réparer, chacun s'est demandé quelles en avaient été les causes, et surtout s'il n'était pas au pouvoir de l'homme, sinon de les prévenir complètement, du moins d'en atténuer les terribles conséquences.

Nous examinerons donc cette question d'une manière approfondie, en résumant les diverses opinions qui ont été émises. Mais ce serait mal-à-propos suspendre le récit douloureux que nos lecteurs attendent; cet examen trouvera plus loin la place qui lui convient et nous pourrons lui donner alors les développements qu'exige une question d'une aussi grave importance pour l'avenir.

INONDATIONS DU MOIS DE MAI 1856.

Au confluent de deux rivières, la Saône qui sort du mont Furca, et le Rhône qui prend sa source au Saint-Gothard; s'étendant sur leurs doubles rives, étagée sur des collines ou semant dans la plaine ses hautes maisons, Lyon, la vieille métropole des Gaules, ne peut être comparée à aucune autre ville sous le rapport de la situation. Le nord et le midi sont également les tributaires de notre cité : par le Rhône, elle communique avec la Méditerranée; par la Saône et les canaux, elle se relie au Rhin, cette grande artère commerciale de l'Allemagne. Aussi les Romains, ce peuple éminemment intelligent, avaient-ils bien compris l'importance d'une pareille situation. Sur la colline de Fourvières, que la religion avait dès longtemps consacrée, une colonie s'était établie, et justifiant la bonté du choix, peu d'annés après, soixante nations gauloises considérant Lugdunum comme leur capitale, y élevaient un temple au fils adoptif de celui qui les avait vaincues.

La nature a donc été prodigue de faveurs envers nous; mais tous ces avantages recèlent un danger et nous démontrent une fois de plus qu'ici-bas le mal gît toujours à côté du bien. Il arrive trop souvent que, grossis par des pluies torrentielles, par la fonte hâtive des neiges, ou subissant peut-être une influence atmosphérique dont la science ne détermine pas la raison, le Rhône et la Saône irrités, plutôt qu'arrêtés par les obstacles qu'une expérience prudente a cherché à leur opposer, quittent leur lit, inondent la ville et transforment les rues en autant de torrents furieux et destructeurs. Bien des fois, depuis dix-huit cents ans, et surtout depuis le commencement de ce siècle, Lyon a jeté un cri de détresse et a pu maudire ce qui la veille encore faisait l'orgueil de ses habitants, l'admiration et l'envie des étrangers. Dans ce moment même, nous venons d'assister à un de ces spectacles qui nous font voir combien sont peu de choses les forces humaines en comparaison de celles que la nature tient en réserve.

Il est une observation digne de remarque, c'est la marche que suivent constamment ces crues extraordinaires. Le Rhône augmente pendant vingt-quatre heures qui doivent être comptées à partir de l'instant où la pluie a cessé; mais sa décroissance est aussi prompte que son accroissement a été rapide. La Saône, au contraire, grossit pendant neuf jours, reste stationnaire et emploie le même espace de temps à revenir à son état normal.

Ces préliminaires indispensables étant exposés, nous allons essayer de donner une idée des jours difficiles que nous venons de traverser.

Vers le milieu du mois de mai, et avant qu'une calamité, sans précédent dans notre histoire qui puisse lui être comparé, eût attiré sur Lyon les yeux de la France entière, une première inondation avait déjà inspiré des craintes sérieuses, qui heureusement ne s'étaient pas réalisées. La température après avoir été constamment douce et calme pendant le mois d'avril, donnant ainsi un démenti à la superstition populaire, s'abaissa considérablement aux premiers jours de mai. A ces froids hors de saison succédèrent des pluies diluviennes qui, aidées par la fonte prématurée des neiges, ne tardèrent pas à faire grossir les affluents qui se jettent dans la Saône, et par contre-coup cette rivière elle-même. Du 14 au 15, elle augmenta de 20 centimètres.

Du reste, à ce moment, la crue des fleuves et des rivières en France était presque générale.

Voici ce qu'on lisait dans le *Journal du Loiret* du 15 :

« GIEN, 14 mai au soir. — La Loire, depuis ce matin, est stationnaire. La nouvelle crue a atteint 5^m,15 au-dessus de l'étiage. Aussi il est à craindre que le dommage causé aux propriétaires riverains du fleuve ne soit considérable.

» Aucun accident particulier n'a été signalé. »

A la même date les journaux de Lyon reproduisaient ce qui suit :

« Le préfet de la Nièvre à MM. les préfets du Loiret, Loire-et-Cher, Indre-et-Loire, Maine-et-Loire et de la Loire-inférieure. — Nevers, 14 mai, une heure cinq minutes de l'après midi. — La Loire croît toujours. Sa marche depuis ce matin est celle-ci: huit heures, 3^m,73 ; neuf heures, 3^m,77 ; dix heures, 3^m,82 ; onze heures, 3^m,88 ; midi, 3^m,94. Il pleut. Les affluents sont tous débordés. Je n'ai pas de nouvelles de Roanne ni de l'Allier. »

Une dépêche télégraphique annonce que le canal de Roanne a été coupé par les eaux.

Le *Journal du Loiret*, que nous citions plus haut, avait bientôt à enregistrer dans ses colonnes la réalisation des malheurs que le débordement du Cher et de l'Allier lui faisait craindre. Nous citons textuellement l'article qu'il y consacrait.

« La ligne de Vierzon à Bourges a été coupée sur une longueur d'environ 800 mètres. Plus de mille ouvriers sont employés à réparer la voie. On espère que demain soir, mercredi, la circulation des trains pourra être rétablie. On travaille jour et nuit. Le service des voyageurs et de leurs bagages s'opère provisoirement à l'aide de voitures. Quant aux marchandises, le transport en est encore impossible, et le commerce est invité à retarder de quelques jours ses expéditions.

» Sur la ligne de Châteauroux, la circulation sera plus longue à rétablir. Nous avons dit que le pont de l'Arnon avait été emporté à Chery. On a commencé cette nuit la construction d'un pont de service. De toute part on a fait venir des ouvriers charpentiers. Cette nuit, à quatre heures, un maître charpentier de notre ville est parti avec vingt-cinq ouvriers pour aider à la réparation. On a aussi envoyé de la gare d'Orléans des poutres, des outils et des *moutons* à battre les pieux. Ainsi que nous l'avons annoncé, M. Solacroup, chef de l'exploitation, est sur les lieux et dirige personnellement les travaux.

» Hier matin à onze heures, les eaux avaient commencé à baisser de 0ᵐ,40. Depuis ce temps le rabais est continu. »

Un voyageur, témoin oculaire de tous ces désastres, dans un récit trop bien circonstancié malheureusement pour que l'on puisse croire à quelque exagération, complétait les tristes renseignements qui précédent; mais laissons-le parler lui-même.

« Les forges de Vierzon font des pertes immenses : les eaux ont emporté en grande partie la réserve de charbon de bois de l'usine. Le vaste étang des forges est couvert de

charbons formant une couche de plus de
33 centimètres d'épaisseur. On dit en outre
qu'une coupe de bois, qui n'est pas évaluée à
moins de 60,000 fr., et que les forges possé-
daient à un kilomètre de l'usine, a été totalement perdue.

» Près de Vierzon, un moulin à farine assez
important a été détruit. On voyait encore hier
des courants impétueux se précipiter du milieu des murs écroulés. Au même endroit, les
eaux ont rompu la levée du canal sur une
longueur de 50 à 60 mètres ; le Cher et le
canal ne forment qu'une immense nappe d'eau.
La manufacture de porcelaines va être obligée
de suspendre ses travaux pour quelques
temps ; le moulin où se fabriquait la pâte à por-
celaine a été inondé ; tous les produits fabri-
qués, s'élevant dit-on à la somme de 25,000
fr., ont disparu. Le pont de bois qui reliait les
deux bâtiments de l'usine a été emporté et
s'est arrêté en travers des piles du pont de
Vierzon. Dans la campagne, il y a des maisons
tout entières sous les eaux.

« L'aspect de la campagne est navrant et rappelle les tristes jours de l'inondation de 1846. A Vierzon, on n'était pas encore renseigné sur l'importance des dégâts et sur tous les acccidents qui ont pu avoir lieu ; on savait seulement qu'un enfant avait été noyé à Vierzon. »

Le *Journal du Cher*, qui nous arriva le lendemain, nous donna de tristes détails sur les désastres produits par l'inondation. Ces désastres furent considérables sur certains points. A Saint-Amand, plusieurs rues étaient submergées ; la brasserie d'Orval complètement envahie par les eaux du Cher, qui atteignirent une hauteur effroyable. Plusieurs maisons, ébranlées par l'inondation, menaçaient ruine ; Saint-Amand était dans la consternation.

Les nouvelles reçues du centre étaient plus rassurantes : le Cher rentrait dans son lit, la circulation des trains était rétablie sur la ligne de Vierzon à Bourges, on espérait qu'elle le serait bientôt sur la ligne de Châteauroux. Les travaux étaient poussés avec une activité incessante.

Pendant que les provinces du centre subissaient cette première et rude épreuve, l'inondation de la Saône, avec la lenteur qui la caractérise, continuait ses progrès.

Après avoir cessé pendant la journée du vendredi 16 mai, la pluie recommença le soir et persista toute la nuit. La Saône continuait à croître ; le matin, elle commençait à dégorger par les ouvertures d'égouts, sur les portions basses des quais, entre autre vers l'angle de la rue Écorchebœuf et du Port-du-Temple.

Pour mieux faire comprendre la marche que suivait le fléau, nous allons emprunter aux journaux de Lyon leur chronique locale.

« Vendredi, 16 mai.

» La crue de la Saône a pris des proportions alarmantes, et qui rappellent l'inondation de 1840.

» Depuis hier les eaux de cette rivière se sont élevées de 0m,90. La plupart des quais sont déjà recouverts; ceux de la rive gauche, du pont Tilsitt jusqu'au débouché de la rue des Souffletiers, ne forment qu'une vaste nappe. L'eau a envahi tous les magasins au rez-de-chaussée, que l'on a déménagés à la hâte, et pénètre même jusqu'à l'intérieur de la ville par les rues adjacentes. Par la rue Écorchebœuf, elle touche déjà à la place de la Préfecture.

» On annonce de Gray que la Saône y a atteint à 50 centimètres près le niveau de 1840.

» Jusqu'ici nous n'avons pas appris qu'aucun sinistre grave ait eu lieu à l'intérieur de la ville; mais le mur de soutènement du quai Sainte-Marie-des-Chaînes a, dit-on, donné coup, et menace ruine.

» Par suite de la pluie d'hier, le Rhône, qui avait diminué, a éprouvé une nouvelle crue de 1ᵐ,70; cependant il n'est pas encore sorti de son lit.

» La vallée du Rhône en aval de Lyon est inondée; sur plusieurs points la différence entre le niveau de l'eau et celui de la voie ferrée n'est que de 0ᵐ,50.

» On assure que le Doubs a rompu les digues et que plusieurs embarcadères des rives de la Saône sont inabordables. »

« Samedi, 17 mai.

» Dès hier matin, la Saône avait inondé les routes de l'Ile-Barbe et de Fontaines, le quai de Serin presque tout entier, ainsi que la plupart de ses entrepôts de vins et de bois. A Vaise, les eaux n'avaient encore envahi que les chantiers de la Claire et les trois rues qui aboutissent au port voisin ; elles ne dépassaient pas la Grande Rue, dont les arrières cours, du côté de la rivière, étaient seules inondées.

» A l'intérieur de la ville, tout le quai de la Baleine et les rues basses adjacentes, les quais de Saint-Antoine et des Célestins, ainsi que les rues aboutissantes, jusqu'à la place de la Préfecture et la rue Saint-Dominique, étaient couverts par l'inondation. Sur plusieurs points, des courants dangereux commençaient à s'établir. Le quai Sainte-Marie-des-Chaînes, dont une rampe s'est écroulée hier soir, disparaissait complètement sous les eaux, depuis la Manutention militaire, en partie évacuée, jusqu'au quai Saint-Benoît.

» *Deux heures du soir*. — Le Rhône a continué à croître depuis le matin. Sur un grand nombre de points, les eaux gagnent les quais de la rive droite par les bouches d'égouts et les rampes d'abreuvoirs; la circulation commence à devenir impossible. La place des Cordeliers, envahie par les égouts des rues Claudia et Stella, est transformée en un étang; les eaux troubles et limoneuses du fleuve charrient des poutres et des débris de toutes sortes.

« *Huit heures du soir*. — Le Rhône commence à rentrer dans son lit; les digues ont résisté. Les Brotteaux et la Guillotière ont été envahis sur plusieurs points par les canaux souterrains qui servent à l'écoulement des eaux ménagères.

» Les eaux de la Saône ont continué leur

mouvement ascensionnel ; leur crue pendant ces douze heures peut être évaluée à environ 0^m,45. Maintenant le quai Saint-Antoine tout entier est sous l'eau ; il n'est plus protégé que par la promenade des platanes et par le parapet en pierres de taille qui le protége du côté de la rivière, et qui sert encore de sentier à quelques curieux plus hardis que les autres. La place de la Préfecture est recouverte aux deux tiers. Les eaux se sont avancées par la rue des Célestins et la rue d'Egypte jusqu'au-devant de l'entrée du théâtre des Célestins, qui a forcément chômé.

» L'aspect des parties inondées de la ville est tristement pittoresque : une multitude de barques y remplace les autres moyens de locomotion ; elles se croisent dans tous les sens, pénétrent dans les allées et dans les cours pour y déposer leurs voyageurs ; sur les bords de cette espèce de lac intérieur se presse une foule curieuse. Ailleurs, des passerelles en planches sont improvisées pour le passage des bras de rivière qui se sont formés sur

différents points de la voie publique. La
nuit, les torches qui s'agitent sur ces embarcations, les lampions allumés sur les fenêtres
des maisons et qui se reflètent dans les eaux,
ajoutent à l'impression féerique et lugubre de
ce spectacle.

» Dès avant hier au soir, le locataires des
magasins situés sur les quais et dans les rues
adjacentes, conformément aux avis de l'autorité, avaient commencé à prendre des précautions. Les uns déménageaient en toute
hâte les marchandises les plus exposées, les
autres faisaient construire au-devant de l'entrée de leur boutique des remparts en brique-
tages. Cette dernière précaution ne paraît
pas avoir été d'une grande utilité: l'inondation a renversé une partie de ces frêles
obstacles et a dépassé le niveau des autres.
Un assez grand nombre de rez-de-chaussée
sont noyés jusqu'au tiers ou à la moitié de
leur hauteur, surtout sur le quai Saint-Antoine.

» Dans le cours de la journée, l'autorité a
fait publier un avis daté de Gray, portant que

dans cette ville la crue de la Saône avait atteint son apogée, mais ajoutant qu'à Châlons et à Mâcon les eaux avaient encore monté de quelques centimètres, et qu'il était à présumer d'après cela que la Saône grossirait encore à Lyon pendant un jour ou deux.

» Ce matin, M. le Sénateur, administrateur de la ville et du département, et M. Bonnet, ingénieur en chef de la voirie, ont parcouru la ville afin d'aviser aux mesures commandées par les circonstances. Des sergents de ville maintiennent l'ordre au milieu de cette confusion, sur tous les points où cela est rendu nécessaire par l'encombrement de la foule et par les entraves apportées à la circulation.

» Les avis reçus de la vallée supérieure de la Saône annoncent qn'elle est transformée en un vaste lac. Toutes les voies de communication sont interceptées, et les récoltes sont en partie perdues. On a quelques craintes pour le chemin de fer de Paris à Lyon, bien qu'il soit établi partout au-dessus du niveau des eaux de 1840.

» La voie ferrée du Grand-Central, de Lyon à Saint-Étienne, est impraticable depuis samedi. A Vernaison, notamment, sur le littoral du Rhône, le sol a été défoncé dans la nuit de vendredi à samedi, et hier matin l'administration y a placé de nombreux travailleurs occupés aux terrassements. Les voyageurs qui n'ont pu passer la journée à attendre ont été obligés de poursuivre leur route à pied par les chemins de terre ou de prendre les voitures aux stations de St-Genis et de Pierre-Bénite.»

«Dimanche matin, à 7 heures. — Le Rhône, quoique fort gros encore, a diminué cette nuit. La Saône, au contraire, a encore augmenté depuis hier de 8 à 10 centimètres. Elle couvre presque la totalité de la place de la Préfecture et envahit les parties basses de la place Bellecour, sur laquelle a été transporté le marché qui se tient habituellement sur le quai St-Antoine.

» Le mouvement ascensionnel de la Saône est devenu plus lent, mais il continue. »

« *Journée du 18 mai*. — Le Rhône est entré dans son lit et continue à décroître. Quant à la Saône, elle a encore monté de 30 à 35 centimètres et a reculé les limites de son occupation intérieure. On navigue en bateau sur la place de la Préfecture, dont quelques points plus élevés restent seuls à sec ; les passerelles en planches, maintiennent une circulation à chaque moment plus difficile sur le pourtour des maison sises à l'Est.

» Dès hier matin, la rue Centrale avait été envahie dans la partie qui correspond à la rue Chalamont ; le quai d'Orléans commençait à être gagné par les eaux, auxquelles les bouches d'égout livraient passage.

» Du reste, l'état de notre ville a été à peu de chose près ce qu'il était avant-hier. On communique en bateau sur toute l'étendue du quai St-Antoine et dans les rues inondées qui y aboutissent. Les communications de ce genre se sont régularisées et multipliées ; on y emploie des batelets transportés du lit du

Rhône dans celui de la Saône, et tout le personnel des compagnies de mariniers est absorbé par le transport des voyageurs et la
construction des passerelles établies sur
divers points. On circule de la même manière
dans les parties basses et intérieures du quartier de l'Ouest; mais ces embarcations légères
se risquent peu sur les autres quais, où s'est
établi un courant dangereux et rapide.

» Le quai St-Antoine offre une physionomie
particulière. Protégé du coté de la rivière
par un parapet très élevé en pierre de tailles,
il forme un magnifique canal où les barques
circulent en toute sécurité; aussi est-il l'objet
préféré des excursions auxquelles se livrent
les touristes qui veulent profiter de cette occasion pour se donner une idée des passe-
temps de l'existence vénitienne. Il est sans
cesse sillonné par une multitude de barques.

» Pendant toute la journée d'hier, qui a été
belle par exception, l'inondation a été le but
des promenades du dimanche, dont l'envahis-

sement des eaux avait d'ailleurs notablement réduit le nombre et l'importance. C'était une sorte de fête dont les apparences fort gaies contrastaient avec les vives et poignantes douleurs causées par ce désastre, surtout dans la vallée du Rhône et de la Saône.

» L'avis suivant fut affiché par les soins de l'autorité.

» Le 18 mai 1856.

» Le Rhône a baissé la nuit dernière de 40 centimètres.

» La Saône a crû de 30 centimètres à Lyon, mais à Châlons, la rivière a été à peu près stationnaire, et à Gray elle diminue depuis deux jours.

» Ces dernières circonstances font espérer qu'à Lyon, également, la Saône n'augmentera plus d'une manière sensible et commencera bientôt à décroître.

» Il n'y a pas eu d'accident à regretter.

» Les habitants des rues et des quais submergés sont de nouveau et instamment invités à éclairer le premier étage de leurs maisons.

» *Le Sénateur chargé de l'administration*
du département du Rhône,

« Signé VAïSSE. »

« Mercredi, 21 mai.

» Le niveau des eaux de la Saône s'est encore élevé depuis ce matin de 30 à 35 centimètres. Heureusement, le temps devenu beau permet d'espérer la cessation prochaine de la calamité qui nous afflige.

» L'aspect général de notre ville continue à être le même, sur une échelle un peu plus développée.

» Les communications peuvent être considérées comme interceptées par les voies ordinaires, entre la place des Terreaux et celle de Bellecour, dans toute la partie comprise, entre le lit de la rivière et l'arête centrale qui forme la ligne de partage des eaux qui se déversent d'un côté dans le Rhône, de l'autre, dans la Saône.

» Dans cet état de choses, la rue Impériale, ouverte et pavée dans toute son étendue, a déjà rendu et rend encore un immense service à la circulation. C'est par cette grande artère que s'est établi le courant des piétons, des voitures et des omnibus, allant du nord au midi et réciproquement.

» Le quartier situé au-delà de la place Bellecour, en allant vers le sud, est moins maltraité; car bien que les quais soient couverts en partie, les communications principales y sont demeurées libres. L'eau s'avance cependant fort avant dans la rue des Colonies et dans la rue Sala, en menaçant d'intercepter la ligne formée par les rues du Plat, de l'Arsenal et Vaubecour. Pendant l'avant-dernière nuit, le perré en pierres sèches qui protége le port d'embarquement situé à l'amont et en tête du cours Rambaud, a éprouvé un affaissement subit, qui a pu faire craindre sa destruction et celle de la chaussée placée en arrière. Là, le courant de la Saône, retenu par le barrage artificiel que constituent les débris du viaduc écroulé il y a plus d'un an, se précipite en cataracte et vient se jeter avec fureur contre les digues de la rive gauche. En voyant l'agitation des eaux sur ce point, leur impétuosité, les vagues et les tourbillons qui s'y forment, on a même peine à concevoir que cet obstacle ait pu résister à ces chocs multipliés.

» Aussitôt qu'on s'est aperçu de ce commencement de sinistre, on a travaillé à conjurer le péril en jetant dans le lit de la rivière des quantités considérables de moëllons et même d'énormes pierres de taille qu'on a trouvées sous la main. Hier, on continuait encore cette opération, qui paraît avoir complètement atteint le but poursuivi.

» Quant à la presqu'île de Perrache proprement dite, du chemin de fer jusqu'au confluent, elle jouit, par rapport au surplus de notre ville, d'une véritable immunité. Pendant qu'en amont tout est inondé et recouvert à une hauteur plus ou moins considérable, les chaussées qui la défendent restaient encore élevées hier de près de 2 mètres au-dessus du niveau de la rivière,

» Ce phénomène s'explique tout naturellement par la présence et l'action du barrage que forment à la hauteur du viaduc les matériaux de l'ancien pont écroulé, et qui ont été complétement abandonnés par la Compagnie du chemin de fer.

» L'existence de ce fâcheux obstacle explique également l'élévation extraordinaire des eaux en amont de ce point. C'est à lui que notre ville est redevable en grande partie de la calamité qu'elle éprouve en ce moment. »

Dans cette même journée du mercredi 21, les journaux des départements voisins nous arrivaient pleins de détails sur les progrès de l'inondation dans leurs diverses localités. Nous ne saurions mieux faire que de reproduire leurs récits textuels.

On lit dans le *Journal de l'Ain :*

« A Châlon, les levées de Saint-Marcel, Gury et Saint-Remy ont de 5 à 6 pieds d'eau. La route de Châlon à Dijon est entièrement praticable ; il n'en est pas de même de celle

de Seures qui est interdite même aux voitures.

» A Thoissey, la Saône et la Chalaronne
inondent cette ville. La route de Thoissey à
Châtillon n'était pas praticable jeudi. On est
obligé, pour venir de Thoissey à Bourg, de
passer par Pont-de-Veyle.

» Châtillon a vu ses quartiers envahis par
les eaux de la Chalaronne. Les omnibus du
chemin de fer de Châtillon à Belleville, de
Trévoux à la station de Vassieux ont dû suspendre leur service.

» On écrit de Guéreins que le petit ruisseau
la Calonne, grossi par les pluies, et arrêté par
un pont trop étroit, a reflué à une hauteur
considérable. L'eau a remonté dans le village
et a inondé plus de vingt habitations.

» A Bourg, les eaux de la Reyssouze n'ont
couvert que les prairies. Vendredi matin,
elles coupaient en plusieurs endroits la route
de Ceyzériat. Aujourd'hui elles ont considérablement baissé.

» On nous rapporte que les campagnes de

Marboz, Bény et Villemotier, voisines du Sevron et du Solnan, sont aussi inondées.

» A la date du 16 mai, on annonce que l'Albarine a débordé à Saint-Rambert et qu'elle menace cette localité d'un envahissement considérable.

» Samedi, il n'est tombé que peu de pluie, le soleil a fait sentir une forte chaleur. L'eau se retire visiblement.

» Les plaines de la Bresse, qui s'étendent de Lons-le-Saunier à la Saône, présentent l'aspect d'un lac immense ; à Louhans, on ne se couche pas, pour se tenir en garde contre les inondations.

» Plusieurs étangs de la Dombes ont eu leurs digues rompues par l'abondance des pluies. »

On lit dans l'*Union bourguignonne*, journal de Dijon :

« Depuis lundi dernier, il y a huit jours, l'Armançon est sorti de son lit en causant de grands ravages. A Semur, vers quatre heures du matin, la rivière grossissait à vue d'œil, et une heure après, elle avait pris des proportions si considérables, qu'elle s'étendait à plus de 100 mètres de ses rives et envahissait les rues et les maisons, et bientôt elle a passé par dessus le pont des Minimes. Les maisons et les rues en amont avaient alors plus de 2 mètres d'eau. Quantité de murs de clôture ont été renversés, nombre d'arbres déracinés et entraînés avec d'autres objets qui se trouvaient sur le passage du torrent. La violence du courant était telle, que d'énormes blocs de granit servant de pile à un pont joignant la propriété de M. Joly-Saint-Florent, ont entièrement disparu.

» A Montbard, les eaux de la Brenne, quoique moins grande que celles de l'Armançon, avaient débordé dans les rues basses et envahi quelques maisons. On n'a eu aucun malheur à déplorer. A Crépand, le ruisseau qui longe la route de Semur a grossi promptement et assez pour enlever une partie du pont. A Montigny, le Serein a pris des proportions considérables. De même à Précy. »

« *Jeudi, 22 mai, au matin.* — Hier soir, la Saône avait atteint son maximum d'élévation, elle s'était élevée de 15 centimètres à peu près pendant la journée. Cette nuit, sa crue s'est enfin arrêtée, et au moment où nous traçons ces lignes, elle a déjà décru d'environ 2 centimètres. Le temps étant assez beau et la pluie ayant cessé depuis dimanche, il est à croire que sa décroissance sera rapide et continue.

» Du reste, notre ville semble comme habituée à la présence du fléau ; elle est devenue une véritable cité aquatique, où tout est organisé en vue de cette nouvelle nécessité. Dans les quartiers inondés, des barques en grand nombre établissent la communication avec ceux qui ont été préservés. Sur quelques points, sur la place de la Préfecture, par exemple, elles se croisent avec les diligences, les fiacres et les omnibus, qui traversent la nappe liquide, en enfonçant dans l'eau jusqu'au moyeu ou même au-dessus.

» Dans les maisons dont les allées ont une

largeur suffisante, les embarcations pénètrent à l'intérieur des cours et déposent les voyageurs sur l'escalier même. Quant aux autres, qui sont le plus grand nombre, des échafaudages, établis sur des supports en charpente, permettent aux habitants de se glisser entre la surface de l'eau et le plancher supérieur.

Sur d'autres points, le long de la rue des Célestins et sur le pourtour de la place de la Préfecture, par exemple, des espèces de passerelles sur chevalets, régnent le long des façades et permettent à la population bloquée de rester en communication avec les autres parties de la ville. Enfin, les plus mal partagés pénètrent dans leurs demeures au moyen d'échelles appliquées contre les murs, et au pied desquelles accostent les barques.

» Le soir, des lampions placés sur les points les plus favorables, par les soins de l'autorité ou des particuliers, remplacent le gaz absent, et produisent, en se reflétant dans l'eau, de véritables et féeriques illuminations.

» La partie la plus déprimée de la rue Centrale a été un instant envahie par les eaux ; mais on est parvenu à l'en préserver au moyen d'un double barrage, établi au travers de la rue Chalamont par laquelle arrivait la Saône. Le résultat obtenu n'a pas été complet, en ce sens que l'eau à laquelle le passage était fermé par la voie publique, reflue à l'intérieur des rez-de-chaussée limitrophes, et s'y fraye victorieusement une issue. Toutefois, les égouts en communication avec le Rhône, et dont les regards avaient été ouverts, ont absorbé une grande partie de l'eau qui s'extravasait ainsi, et ont atténué, pour ce quartier, les inconvénients de l'inondation. »

On lisait en même temps dans le *Courrier de la Drôme* :

« Depuis trois jours les eaux du Rhône s'élevaient dans des proportions qui faisaient craindre une inondation désastreuse. Ainsi, hier, dimanche, vers midi, le fleuve avait atteint la hauteur de $5^m,60$ au dessus de l'étiage, et de tous côtés arrivaient des nouvelles peu rassurantes.

» Au midi du département, les plaines de Loriol et de Saulce étaient en grande partie submergées, et la digue d'Ancone presque complètement tournée par les eaux. Au nord, la digue de la Roche-de-Glun était fort menacée, la ville de Tain entièrement inondée, et la route Impériale n° 7 coupée en deux endroits. A Tain, surtout, les craintes étaient vives, car une grande quantité d'habitants avaient été obligés de déserter leurs maisons dont les jardins et les rez-de-chaussée étaient envahis par les eaux, ainsi que la plupart des rues. Ce qu'il y avait de plus fâcheux, c'est que plusieurs boulangers de la ville ayant été obligés de fuir leur domicile, se trouvaient dans l'impossibilité de fabriquer la quantité de pain nécessaire à l'alimentation publique, ce qui était d'autant plus grave que deux bataillons du 61° de ligne, en route pour Lyon, se trouvaient en ce moment obligés de séjourner à Tain et à Tournon par suite de l'interruption des communications.

» Prévenu de cet état de choses par M. le

maire de Tain, M. le préfet s'est transporté sans retard sur les lieux, afin d'y constater par lui-même la gravité du mal et de rassurer par sa présence les inquiétudes de la population.

» A Valence, pendant toute la journée, qui, du reste, a été une véritable journée de printemps, la population n'a cessé de se porter sur les quais et aux abords du pont, pour examiner le fleuve dont les eaux étaient d'une rapidité et d'un volume remarquables. Une partie des quais et quelques maisons ont bien été inondés, mais on n'a eu à déplorer aucun fâcheux accident. Depuis midi, d'ailleurs, jusqu'au soir, le fleuve est resté stationnaire, et dans la nuit il avait commencé son mouvement de décroissance.

» A Avignon, l'île de la Barthelasse a disparu sous les eaux, et le Rhône, refluant par les nombreux canaux souterrains et débordant par les quais, a envahi une grande partie de cette ville. Il en est de même à Beaucaire et à Arles ; quant au chemin de fer, il n'a pas éprouvé les dommages que l'on redoutait avec raison. »

Vendredi, 23 mai. — A Lyon, comme sur tous les autres points de la France, les nouvelles de l'inondation commencent enfin à être rassurantes, et nous sommes heureux de constater que, grâce à la vigilance et au dévoûment des autorités, on n'a pas eu à déplorer de ces accidents graves trop fréquents d'ordinaire dans ces désastres.

La Saône continuait hier, bien lentement, mais enfin continuait son mouvement de décroissance, qui prendra sans aucun doute de plus grandes proportions, à en juger par les nouvelles favorables de la Saône supérieure, pourvu que le temps, qui menace, ne nous amène pas de nouvelles pluies.

On nous mande des localités riveraines du Rhône inférieur que le fleuve descend toujours; mais on redoutait cette après-midi à Tain un orage épouvantable qui s'amoncelait.

Ce matin la diminution continue. Moins

sensible dans le lit de la rivière toujours
alimenté par l'eau débordée qui y rentre, elle
se remarque surtout sur les quais et dans les
rues où le mouvement de retrait a déjà ré-
tabli des moyens de circulation encore impossibles hier : c'est ainsi, par exemple, que
les trottoirs de la place de la Préfecture sont
maintenant praticables.

En effet, à partir de ce moment les eaux
rentrèrent rapidement dans leur lit ; les habitants des quartiers inondés purent reprendre possession de leurs maisons et de leurs
magasins, et songer à réparer les traces
laissées par le passage de l'inondation.

Tout faisait espérer que cette fois Lyon
en serait quitte pour la peur. Ce n'était cependant que le premier acte du drame auquel
nous devions assister.

INONDATIONS DU MOIS DE JUIN 1856.

DÉBORDEMENT DU RHÔNE, DE LA SAÔNE ET DE LEURS AFFLUENTS.

Le mois de mai touchait à sa fin; avec l'approche des beaux jours renaissait l'espérance. Chacun comptait ses pertes, et les trouvant moins grandes qu'il ne l'avait craint, reprenait courage, et dans sa pensée calculait les bienfaits de l'avenir. Hélas! cette fois encore les prévisions humaines devaient être démenties. Après quelques jours d'un soleil régénérateur, dont le vent du nord aidait l'action bienfaisante, le vent du midi recommença à souffler, de lourds et épais nuages rasant

le sol, vinrent obscurcir le ciel et versèrent
des torrents d'eau que les campagnes déjà
inondées ne purent absorber. Pendant quarante huit-heures la pluie continua sans
trève ni relâche, avec une intensité inima-
ginable. On eût dit qu'un mauvais ange
acharné à notre perte avait déchaîné les éléments, et que, comme aux anciens jours, où
Dieu voulut punir la race des Géants, les cata-
ractes du ciel s'étaient entr'ouvertes. Pressées
dans les églises, agenouillées au pied des
autels ou élevant leurs regards et leurs priè-
res vers celui dont la bonté comme la puis-
sance est infinie, les populations terrifiées
lui demandaient avec angoisse s'il n'y aurait
pas enfin un terme à leurs souffrances. Partout régnait la consternation, et ces terreurs
n'étaient malheureusement pas exagérées. La
Saône, comme un ennemi qu'un premier et
puissant effort n'a pas lassé, revenait battre
avec fureur les murs des quais, et le Rhône,
vu du haut des collines, déroulait, aussi loin
que l'œil pouvait atteindre, une immense

nappe d'eau limoneuse, véritable mer pour l'étendue, torrent pour l'impétuosité, roulant déjà dans son sein mille débris informes arrachés dans les champs, des épaves de pauvres chaumières et des cadavres d'animaux surpris par l'inondation.

Le 28 mai, la Préfecture fit afficher un avis portant que les nouvelles reçues du Haut-Rhône et de la Haute-Saône étaient des plus alarmantes, et que tout faisait présager une crue égale, sinon supérieure. à celle du 16 mai.

Ces prévisions devaient se réaliser, et par malheur pour la partie la plus terrible et la plus désastreuse. La Saône parut s'arrêter dans son mouvement ascensionnel, après avoir de nouveau envahi les quais qui bordent ses deux rives ; mais le Rhône ne cessa de s'accroître, et bientôt la partie de la ville comprise entre les deux rivières, les parties basses des Brotteaux et de la Guillotière, se virent inondés, et commencèrent à craindre que les souvenirs de 1840 ne fussent effacés par 1856. Les journaux de Lyon, qui suivaient heure par heure pour ainsi dire les progrès du fleuve, sauront, mieux que nous ne pourrions le faire, reproduire l'horreur et la gravité des désastres éprouvés dans les journées du 31 mai et du 1er juin.

« Lyon, 29 mai.

» Une pluie torrentielle n'a cessé de tomber pendant trente-six heures consécutives, et l'aspect du temps n'est pas très-rassurant.

» Le Rhône et la Saône ont éprouvé une forte crue qui n'est pas arrivée à son terme. Le premier charrie, dans ses eaux limoneuses, des débris d'arbres. La seconde a envahi de nouveau les parties basses du quai des Célestins et de celui de St-Antoine.

» Les riverains, ceux de la Saône surtout, feront bien de prendre leurs précautions en conséquence, et de ne pas se hâter de replacer dans leurs magasins les marchandises et les meubles qu'ils en ont enlevés.

» Un affaissement de quelques mètres carrés de superficie s'est opéré cette nuit sur la place d'Albon, entraînant le pavé et le bitume. »

« *Vendredi, 30 mai, trois heures.* — La pluie, qu'on avait espéré voir cesser ce matin, a repris et a continué jusqu'au moment où nous traçons ces lignes.

» La crue du Rhône est formidable. Déjà elle approche du niveau de 1840. Toute la ligne des quais de la rive droite, du pont Morand à celui de l'Hôtel-Dieu, est recouverte par l'eau qui commence à envahir également celui de Saint-Clair.

» Sur la rive gauche, le couronnement du quai d'Albret ne dépasse le niveau du fleuve que de 60 centimètres à peu près.

» A la tête de ce quai, le génie militaire emploie des hommes de corvée à fortifier, en toute hâte, la chaussée qui protége les ouvrages de défense qu'il élève sur ce point.

» D'autres soldats travaillent à exhausser le chemin de ceinture, partout où il a été coupé pour faciliter le passage des chemins qui rayonnent dans la banlieue.

» Toutes les digues à l'amont, y compris même la levée en terre de la Tête-d'Or, ont résisté jusqu'à présent. Il est inutile de se dissimuler cependant qu'elle serait sérieusement menacée si la crue ne s'arrêtait pas.

» La Saône a crû de plus d'un mètre depuis hier et monte avec une rapidité menaçante. Bien qu'elle soit encore loin d'avoir le niveau de la dernière crue, il est à craindre qu'elle ne l'atteigne ou même ne le dépasse. Dans tous les cas, nous ne saurions trop recommander aux habitants des quartiers récemment inondés de redoubler de précautions.

» A Saint-Clair, le mur de soutènement d'un jardin en terrasse, situé au sommet des balmes, s'est écroulé hier soir. En même temps, une masse de 15 ou 20 mètres de terre a coulé dans le bas, a crevé le toit et ébranlé les murs d'une maison basse du cours d'Herbouville. Cette maison a dû être évacuée. Une femme blessée dans ce sinistre a été transportée à l'Hôtel-Dieu.

» A la Quarantaine, quelques éboulements de la même nature ont eu lieu. »

« *Huit heures du soir.*—Le Rhône a atteint à sept heures le niveau de 1840, et l'a même dépassé en entrant dans la rue Lafont et le café de la Perle.

» Tout le quai Saint-Clair est inondé, du pont Morand au débouché de la rue Dauphine et un peu en amont.

» Ses eaux charriaient dans la soirée une masse énorme de bois de construction, de traverses du chemin de fer de Genève, de fagots et de bois de chauffage.

» Vue des hauteurs de la porte Saint-Laurent, l'inondation des plaines de Miribel et de Vaux présente un aspect imposant par son immensité.

» A six heures, les eaux dégorgées par les égouts ont subitement envahi le passage de l'Hôtel-Dieu dont les boutiquiers, en proie à une panique facile à comprendre, se sont hâtés de déménager.

» La Saône croît rapidement, et l'on ne peut attribuer sa hauteur à la crue du Rhône, car au barrage du pont de la Quarantaine elle forme encore une chute de plus d'un mètre.

» Les deux rives en aval de ce pont ont été suffisamment consolidées, pour ne rien avoir à craindre, dit-on, de cette nouvelle crue; mais la tête du quai du Grenier-à-Sel, dont la plantation d'arbres a été fortement ravinée par les courants de la dernière inondation, pourrait être endommagée.

» D'autres éboulements moins considérables que celui de la maison du n° 27 ont alarmé les habitants du cours d'Herbouville, mais sans causer de sinistres sérieux. Cependant une partie de la toiture des anciennes remises de l'hôtel de Henri IV, jadis ruiné par un accident du même genre, a été écrasé par une avalanche de gravier et de boue qui a forcé de déménager les marchandises de cet entrepôt.

» A Saint-Georges, une masse énorme de terre, d'arbres, de pierre et de vieilles maçonnerie, s'est écroulée ce matin, à neuf heures, avec un fracas épouvantable, sur les derrières de la maison 118 de la rue de ce nom ; heureusement, à ce moment de la journée, les habitants avertis par le bruit n'ont pas été surpris : personne n'a péri. La maison elle-même, protégée par des terrasses et des jardins interposés entre les derrières et les balmes, n'a été que peu endommagée, quoique en partie ensevelie sous les décombres.

» En plusieurs autres endroits, notamment des deux côtés du nouveau rempart de Saint-Georges, les balmes se sont éboulées sans causer d'accidents.

» A Rochecardon, sur la commune de Saint-Didier, le moulin Félix a été ce matin, avant le jour, enseveli sous une avalanche de terres et de roches détachées du sommet de la colline. Heureusement qu'une arrière-terrasse a protégé la maison d'habitation où dormaient plusieurs personnes, qui se sont échappées saines et sauves ; mais les écuries adossées à la montagne ont été littéralement écrasées avec tout ce qu'elles contenaient. Chevaux, vaches, volailles, fourrages, charrettes et ustensiles aratoires, tout a disparu.

» A Francheville, les pluies ont produit un accident d'un autre genre : une partie de quinze à vingt ares de terrain environ, en bois taillis et futaie, a glissé du flanc du coteau dans les prairies de la vallée, complètement inondée par l'Izeron.

» Le ruisseau si paisible d'Ecully est également sorti lui-même de son lit, et, transformé en torrent furieux, a causé de graves dégâts. Mais cela n'est rien, comparé aux ravages du Gier, qui roulait dans ses eaux écumeuses des arbres énormes, arrachait de ses rives des blocs de rochers, et inondait en plusieurs endroits le chemin de fer de Saint-Etienne. Un voyageur, arrivé hier au soir, à dix heures, de cette ville à Givors, après un voyage des plus accidentés, nous raconte que, dans plusieurs endroits, les torrents descendant des gorges du Mont-Pilat, ne trouvant pas sous les ponceaux un débouché suffisant, débordaient à flots à travers la voie ferrée que les eaux couvraient en certaines parties, au point de cacher les rails. A Givors, la moitié de la ville était sous l'eau comme l'embarcadère, et la voie étant coupée à Irigny, et en face de Givors, sur le chemin de fer de Marseille, des voyageurs, sans place dans les auberges et sans voiture disponible, ont été forcés de revenir à Lyon à pied par une pluie diluvienne. Dans la matinée, le Garon a complété l'interruption des communications en emportant le pont de la route départementale de Lyon à Givors. »

« *Dix heures du soir*. — La pluie a cessé. Pendant toute la soirée, une foule immense se porte sur les parties de la voie publique restées libres, et où l'on peut avoir le spectacle de l'inondation. Le Rhône continue à monter rapidement. Il couvre toute la ligne des quais de la rive droite, depuis la place Saint-Clair jusqu'à l'Hôtel-Dieu. Il dépasse le couronnement du quai d'Albret, sur la rive gauche. Par une nuit noire, ses eaux coulent à pleins bords avec un bruit lugubre, éclairées par les réverbères à gaz des ponts et des quais, par les torches et par les lampions placés sur les fenêtres de plusieurs maisons ; elles projettent des reflets métalliques. Les cris, les allées et venues des mariniers prenant leurs mesures pour passer la nuit et fortifier les amarres des usines flottantes et des bateaux, ajoutent au caractère sinistre de ce spectacle. »

« 31 *mai, huit heures du matin.* — Cette nuit, vers trois heures du matin, la levée en terre de la Tête-d'Or a crevé à la hauteur du champ de manœuvres, malgré les efforts des travailleurs militaires pour la préserver. Les terres basses que protégeait cette chaussée, le quartier des Charpennes et une partie de celui de Villeurbanne ont été inondés. Cette irruption a été suivie d'une scène de désolation. Plusieurs maisons se sont écroulées : des cris *au secours!* se faisaient entendre de tous côtés. On ne dit cependant pas que personne ait péri ; mais les dommages doivent être considérables.

» M. le sénateur Vaïsse, qui s'était transporté sur les lieux, et qui y a passé la plus grande partie de la nuit, a dirigé lui-même, avec une activité et un zèle au-dessus de tout éloge, les secours que réclamait la situation critique des habitants surpris par l'inondation, réfugiés dans les étages supérieurs, et sur les toits des maisons. Souvent celles-ci s'écroulaient aussitôt après la sortie de ceux qui les habitaient. Cette circonstance fait craindre qu'il n'y ait eu des victimes ensevelies sous les décombres.

» Le fort de la Vitriolerie a été envahi par l'inondation. Au milieu de la nuit dernière, on a été forcé d'évacuer sa garnison en bateaux.

» Tous les terrains bas des Brotteaux sont inondés, le fleuve ayant dépassé le niveau du quai d'Albret qu'il n'avait pas atteint en 1840.

» Ce matin, S. E. le maréchal de Castellane a été visiter à cheval le lieu du sinistre, et a parcouru les principaux quartiers inondés.

» L'autorité civile a pris les mesures les plus actives pour atténuer les conséquences du fléau qui nous envahit pour la seconde fois. Un avis de M. le Sénateur annonçait hier à la population l'imminence d'un nouveau débordement, et les engageait à prendre leurs mesures en conséquence.

» La crue du Rhône paraît arrivée à son maximum d'élévation; il a envahi une grande partie de la place de la Charité, de la place Bellecour, de la rue du Pérat, et le débouché inférieur des rues de la Charité, de Saint-Joseph, de Bourbon, etc. Des passerelles, établies par les soins de l'autorité, maintiennent les communications là où elles sont interceptées. Le passage de l'Hôtel-Dieu a 30 centimètres d'eau.

» La Saône, de son côté, a continué son

mouvement de croissance. Elle inonde déjà la portion de la place de la Préfecture correspondant à la rue Saint-Dominique. Les rues Ecorchebœuf, de la Préfecture, de Savoie, d'Egypte, des Célestins, de la Monnaie, sont également recouvertes en tout ou en partie.

« Le temps est sombre et pluvieux par intervalle. »

En même temps, l'administration recevait de Vienne la dépêche suivante :

« Vienne, vendredi, 1 h. 15 m.

» Le chemin de fer a été coupé par les eaux provenant des collines ; d'autres éboulements ont eu lieu vers le tunnel. Le service est momentanément interrompu avec Marseille. A Vaugris, un accident du même genre a eu lieu.

» La perturbation est grande ; mais la Compagnie déploie la plus grande activité et montre les plus grands égards pour le public et les voyageurs.

» Les ingénieurs, secondés par les dragons, travaillent depuis le jour à réparer le désastre. »

Nous ajoutons aux renseignements que nous venons de donner, les lignes suivantes extraites du *Salut Public:*

« Il n'y a, malheureusement, plus à douter : c'est une nouvelle inondation qui commence, et les craintes que nous manifestions ce matin vont se réalisant davantage à chaque heure.

» Le Rhône grossit toujours. Des sergents du génie ont été envoyés pour visiter les différentes digues; on prend des précautions de toutes parts pour prévenir les malheurs, hélas! trop vraisemblables. Cependant, à l'heure où nous écrivons, l'eau n'est pas encore sur les quais ; elle a seulement atteint les parties les moins élevées des Brotteaux et de la Guillotière; mais on s'attend à la voir dans la soirée sur toute la ligne des quais.

» La Saône continue aussi son mouvement

d'ascension ; elle est déjà sur les points les plus déclives des quais et des rues voisines, telles que la rue Ecorchebœuf, etc. Les habitants à peine réinstallés se hâtent de déménager de nouveau.

» M. le sénateur, chargé d'administrer le département du Rhône, fait en ce moment une tournée d'inspection ; il vient de partir pour la digue du Grand-Camp.

» Les nouvelles que nous recevons de toutes les directions, nous annoncent que les petits ruisseaux des environs ont considérarablement grossi , qu'ils roulent des eaux impétueuses et ont fait des ravages : partout il y a des éboulements de murs et des affaissements de terrains. On ne nous signale aucune victime.

» Les chemins de fer de la Méditerranée et de Saint-Etienne chôment toujours. Celui de Paris est arrivé ce matin, mais avec un retard de trois heures ; des éboulements ont eu lieu entre Collonges et Villevert ; mais la compagnie a fait établir aussitôt des pilotis qui ont permis de ne point interrompre la circulation.

» Hier, dans l'après-midi, des précautions étaient prises de tous côtés : on craignait le Rhône, on se prémunissait contre les ravages de ce fleuve qui devient si impétueux quand il déborde ; mais on semblait redouter la Saône davantage encore. Les habitants riverains de cette rivière luttaient d'activité pour débarrasser les boutiques et les magasins, et le maréchal de Castellane avait mis à leur disposition des bataillons entiers de soldats, qui travaillaient là avec la même ardeur que s'ils eussent été à la tranchée. Ne passons pas sans remercier ces braves dont nous allons retrouver encore le dévoûment en des lieux plus périlleux.

» Cependant la Saône est encore loin d'avoir grossi autant que dans l'inondation qui vient de finir : elle est ce matin à 5m,75 au dessus de l'étiage ; elle occupe le quai de la Baleine et le quai Saint-Antoine depuis la rue d'Amboise jusqu'à la rue des Souffletiers ; les rues perpendiculaires sont également envahies. Il n'est malheureusement pas possible d'espérer que son mouvement de croissance soit terminé : on attend donc dans la consternation.

» Mais que dirons-nous du Rhône ? Il est en ce moment à 20 centimètres environ plus élevé qu'en 1840 ; si le malheur veut que la Saône vienne le rejoindre comme dans cette année de lugubre mémoire, l'effrayant étiage marqué à la porte de nos monuments publics sera dépassé !

» L'eau atteint ce matin les quais les plus élevés ; c'est dire qu'elle occupe complétement les parties déclives et toutes les rues qui sont à un niveau moyen. On va en bateau sur la place Bellecour ; la place de la Charité, la rue des Marronniers, la rue Saint-Joseph, la rue Bourbon sont envahies. La rue Impériale elle-même n'est pas épargnée. Nous n'avons pas pu visiter le reste de la ville ; mais on comprend, par les indications que nous

4

donnons, combien d'autres rues doivent être inondées.

» Et pourtant tout cela n'est rien auprès de ce qui se passe sur l'autre rive. Cette nuit, à une heure et demie, la digue du Grand-Camp s'est rompüe à la hauteur du nouveau fort, sur une longueur de cent cinquante mètres : onze cents hommes de l'armée de Lyon étaient là, qui travaillaient sous les ordres de M. Kleitz, ingénieur en chef du service spécial de la navigation du Rhône, et d'un autre ingénieur, et qui se sont ainsi trouvés coupés. Avis a été immédiatement donné au maréchal de Castellane et au sénateur chargé d'administrer le département, qui s'étaient prodigués avec un égal dévoûment dans la soirée pour tout inspecter et pour donner des ordres. L'un et l'autre se sont immédiatement transportés de nouveau sur les lieux, où le maréchal a fait diriger en toute hâte toutes les embarcations du génie, et, au moment où nous écrivons (huit heures), on est encore occupé au sauvetage des onze cents hommes,

qui sera, on l'espère, fini vers neuf heures.
On a la confiance de sauver tous les hommes,
et ainsi se trouvera complétement démentie
la désolante rumeur qui circulait ce matin en
ville et qui parlait de trois cents hommes noyés.

» Mais pouvons-nous aussi bien espérer
qu'il n'y aura pas de victime humaine dans
toute cette partie de la ville et de la banlieue
que la rupture de la digue a livrée aux fureurs
du Rhône? L'eau, libre d'entraves, s'est précipitée sur les Charpennes et la Guillotière,
— les Brotteaux sont encore protégés par le
chemin de ronde, — on dirait une mer cour-
roucée.

» Bien des précautions avaient été prises,
bien des maisons avaient été évacuées; mais
on n'avait pas prévu une aussi prompte et
une aussi terrible irruption. A chaque minute,
des maisons s'écroulent dans les eaux. Pour
ma part, nous dit un témoin oculaire, pendant que j'étais là j'en ai vu tomber au moins
douze, et ce sont des clameurs effrayantes,
des cris de détresse prolongés!

» Des efforts surhumains sont faits pour porter des secours partout, et ce sont encore des soldats qui luttent de courage et de dévoûment avec les mariniers, pour disputer aux flots tout ce qui peut leur être disputé. Armée admirable qui ne tremble pas plus devant l'eau que devant le feu !

» Le fort de la Vitriolerie a été, on le devine, atteint par les eaux, et il a dû être évacué. Le bruit court que deux soldats auraient été noyés. Nous avons quelques raisons d'espérer que ce bruit n'est pas fondé.

» Des hauteurs qui dominent la ville l'aspect de l'inondation est tristement pittoresque ; pendant la nuit on voyait, à la lueur des torches, les barques portant les travailleurs au milieu de l'eau envahissante ; c'était un de ces spectacles qui font froid au cœur.

» De tous les points environnants, il nous arrive des détails affligeants que nous ne suffirions pas à reproduire dans leur désolante monotonie. Partout on voit des ruisseaux débordés, des routes coupées, des murs, des maisons ou des ponts qui menacent ou qui croulent.

» On nous annonce que les nouvelles du Haut-Rhône sont alarmantes et que le lac de Genève lui-même déborde ; mais nous sommes sans renseignements positifs.

» Que nous est-il encore réservé ? Nous ne le savons pas. Le Rhône paraît stationnaire maintenant ; mais avec le lit immense qu'il s'est fait, sa croissance est bien moins sensible. Cependant, si la pluie qui a tombé avec moins de continuité venait à cesser, si le temps qui paraît vouloir s'élever s'améliorait enfin, peut-être le redoutable fleuve redescendrait-il.

Au même moment on recevait de la Haute-Saône ces dépêches peu rassurantes :

» Macon, 50 mai, 1 h. 50 m. du soir.

» La Saône augmente de nouveau ; elle est à 4^m,80 à Châlon, à 4^m,90 à Mâcon.

» Le Doubs a augmenté subitement dans la nuit ; il est à 3 mètres au-dessus de l'étiage.

» La Dheune, l'Arivoux, la Seille débordent une seconde fois. »

« Mâcon, 51 mai, 7 h. du matin.

» La Saône est à 5^m,22. »

« Dijon, 51 mai, 7 h. du matin.

» Voici les nouvelles de Gray à la date d'hier 30 mai, 3 heures du soir :

» La Saône est à $3^m,72$ au-dessus de l'étiage. Les eaux continuent à monter; on craint une crue considérable. »

Les nouvelles qui arrivaient du midi, racontaient à leur tour les craintes qui agitaient cette contrée, et les désastres qui la menaçaient.

« Vienne, 50 mai, 11 heures.

» La route impériale est inondée depuis l'usine Peillat jusqu'à l'entrée du faubourg. Toutes les usines sont arrêtées; des éboulements ont eu lieu sur plusieurs points. Les pertes sont considérables. Personne n'a été blessé.

» La Gère a atteint, à 2 heures du matin, son maximum d'élévation ; elle a diminué depuis d'environ 1 mètre.

» Le chemin de fer de la Méditerrannée est coupé à Estressin et au-dessous de Vaugris. Toute circulation a cessé.

» Le Rhône grossit toujours. La pluie dure depuis 38 heures. »

« Tournon, 30 mai.

» La situation de notre ville et des environs est à peu près la même qu'au plus fort de la dernière inondation. »

« Valence, 30 mai, 1 heure.

» L'inondation s'étend. L'Isère coule en torrents. Nos quais sont envahis. Les affluents ont débordé et on a des craintes pour les deux ponts de l'Isère. »

« Avignon, 30 mai.

» Nous avons depuis 24 heures une pluie battante. L'île de la Barthelasse, les quais et les rues basses sont submergés. »

« Grenoble, 50 mai, 10 heures.

» La Romanèche a grossi considérablement; elle a inondé les plaines. Plusieurs ponts sont enlevés. L'inondation inspire des craintes sérieuses.

» La route de Vizille à Bourg-d'Oisans est coupée sur 30 mètres de longueur. L'Isère a rompu la digue qui protège le village de Domène.

» Le temps devient moins mauvais, il ne pleut plus depuis ce matin.

« Valence, 50 mai, 8 heures du soir.

» Le Rhône est à 6m,75; il croit encore, mais lentement.

» A la Roche-de-Glun, la digue s'est rompue à 150 mètres en aval de la traille, par l'éboulement du talus d'aval et l'affaissement des terres, après avoir été longtemps garantie de la submersion par des bourrelets. Quant au bord amont, on travaille toujours à le maintenir à force d'arbres et de bourrelets.

» Pas encore de mauvaises nouvelles d'autres points. »

Reprenons le récit des événements qui touchent de plus près la ville de Lyon, et laissons parler le journal que nous citions plus haut.

« Lyon, 31 mai.

» Le Rhône, le seul des deux fleuves dont on se préocupe sérieusement en ce moment, le Rhône continue à monter ; mais ainsi que nous l'avons dit, l'accroissement est d'autant moins sensible que la superficie est plus large.

» Ce matin encore, il n'y avait que les Charpennes, une partie de Villeurbanne et la Guillotière qui subissent complètement les dévastations du torrent ; les Brotteaux étaient encore couverts par le chemin de Ronde ; mais ce chemin a été rompu vers une heure, à la hauteur du pont Lafayette, et l'eau, après avoir renversé un mur du fort des Brotteaux, s'est précipitée avec impétuosité dans les quartiers protégés jusque-là. On a bien essayé de déménager les maisons, mais il était déjà bien tard et le dommage sera considérable.

» A la Tête-d'Or, les soldats et les ouvriers civils ne se lassent pas de travailler à réparer les digues ; mais ils ne peuvent réussir à dominer l'eau complètement, et l'inondation fait des progrès du côté du Jardin-d'Hiver et de l'Alcazar.

» On nous annonce que le village de Vaux a, ainsi que les Charpennes, horriblement souffert. Inutile de dire que tous les quais du Rhône sont submergés, ainsi que les rues qui y aboutissent, la galerie de l'Hôpital, etc.

» Dans la Guillotière, entièrement inondée sauf le cours de Brosses, ce sont des voitures qui, à défaut d'embarcations, dont le nombre est devenu insuffisant, assurent la circulation publique.

» Nous recevons toujours des nouvelles d'éboulements qui se produisent de tous les côtés. Ce matin, on annonçait la chute d'une maison de la montée du Gourguillon. Dans tous les quartiers on a dû prendre des précautions pour éviter des malheurs annoncés par des fissures dans les terrains ou dans les murs. A Saint-Clair, sur le cours d'Herbouville, une maison s'est affaissée. »

» Comme nous le disions en commençant, c'est le Rhône qui a en ce moment le triste privilége de fixer l'attention, et c'est la rive gauche qui est la plus cruellement éprouvée. Rien n'égale la désolation que présente l'aspect de toute cette rive, ni la stupeur des habitants dont beaucoup, hélas! à peine vêtus, cherchent un gîte. On ne peut pas encore savoir s'il a péri quelqu'un; ce n'est malheureusement que trop vraisemblable. Il faut cependant se défier des rumeurs exagérées par l'épouvante.

» Les secours et les distributions sont organisés avec autant d'intelligence que de zèle. Toute l'armée de Lyon travaille avec ardeur; les pompiers et les sergents de ville déploient aussi une activité digne des plus grands éloges.

» Plusieurs ecclésiastiques appartenant aux paroisses de la rive gauche ont été remarqués se multipliant partout où ils pouvaient être utiles.

» Nous devons signaler aussi à la reconnaissance publique S. Exc. M. le maréchal de Castellane, M. le sénateur Vaïsse, M. Charbonnier, maire du 3e arrondissement et ses adjoints, dont le dévoûment est à la hauteur des devoirs que leur impose cette calamité publique, et qui, depuis hier, n'ont pas pris un instant de repos.

» Nous n'avons presque rien à dire de la Saône; elle marque toujours 5m,75; on voit qu'elle n'a pas crû depuis ce matin; cependant, ses eaux, qui commencent à envahir la place de la Préfecture, s'y joignent à celles du Rhône. Puisse le Rhône avoir commencé à décroître avant que la Saône n'ait pris les proportions que font redouter les nouvelles de la Haute-Saône ! »

Cependant, émue sans doute par le spec-

tacle de tant de misères et de deuil, cette
Providence qu'on aurait pu soupçonner un
instant d'avoir détourné de nous sa main pro-
tectrice ; de cette même voix qui dit à l'Océan
courroucé : *Tu n'iras pas plus loin !* arrêta
la marche du fleuve débordé.

Le gage antique de l'alliance reparut au ciel,
et le soleil sourit de nouveau à la terre. Aussi,
avec quelle joie bien compréhensible les
journaux s'empressèrent-ils de l'annoncer
dans ces quelques mots éloquents par le fait
seul qu'ils reproduisaient.

« 1er juin.

« Enfin, nous sommes au terme de nos angoisses ! »

Le *Salut Public* ajoutait :

« Le Rhône, qui a crû hier encore toute la
soirée, a commencé à se retirer vers neuf
heures du soir, et sa décroissance a fait des
progrès rapides : ce matin, il avait rendu à
la circulation bien des points envahis ; mais
hier au soir quel spectacle poignant !

5

» La moitié de la ville était submergée, et la foule se promenait avec stupeur aux abords de ces lagunes limoneuses qui avaient, sur certains points, presque l'impétuosité du torrent. Pourtant, si désolante que fût la situation de la ville proprement dite, ce n'était rien si l'on pense aux affreux malheurs de la rive gauche. Depuis la Tête-d'Or jusqu'à la Mouche, c'est-à-dire dans toute la longueur de la ville, on dirait un tableau du déluge : ce sont les mêmes aspects, les mêmes ruines et les mêmes désespoirs. On ne peut pas encore calculer le mal : il faut attendre que l'eau se soit complétement retirée, et que le calme, revenu un peu dans les esprits, permette de recueillir des renseignements exacts et de compter les victimes. Car il ne faut pas se le dissimuler, il y a eu des malheureux qu'on a vus qui se crispaient contre les froids embrassements de l'eau montant, montant toujours, et qui finissaient par disparaître, malgré les efforts faits pour les sauver. Et combien d'autres qui n'ont pas été vus, que l'eau dévorait dans leur fuite, ou que surprenait l'effondrement de leurs maisons!

» Le nombre des maisons qui ont ainsi disparu est incalculable. Depuis l'avant-dernière nuit cela n'a pas cessé. On aurait dit de ces châteaux de cartes, que construisent les enfants, et qu'un souffle suffit à renverser. Ainsi, il n'est que trop vrai que les Charpennes n'existent plus : Vaux, Villeurbanne, le hameau de la Villette, la Guillotière ont aussi horriblement souffert. A chaque instant, un bruit sourd, qui retentissait au fond du cœur, annonçait qu'une maison de plus s'écroulait. Du moins, dans les derniers moments, ce n'était qu'une perte matérielle, qu'une ruine accomplie; mais au premier instant, mais à l'heure qui a suivi la rupture de la digue, c'était, outre cela, des habitants surpris dans leur sommeil, des vies compromises, des vieillards, des femmes, des enfants jetés dans les hasards d'un sauvetage auquel, hélas, tous les dévoûments n'ont pu suffire.

» Enfin, grâce à Dieu, il en a été sauvé

beaucoup. Les mariniers, les militaires, les pompiers luttaient de courage et d'ardeur: combien n'ont-ils pas arraché de victimes à une mort certaine? ils en sont allés prendre jusque dans leur lit : ils étaient obligés d'empêcher les femmes de se vêtir et de rien emporter, et à peine avaient-ils franchi le seuil ou le plus souvent la fenêtre que la maison s'écroulait.

» On imaginerait difficilement la quantité de bois, de matériaux, de meubles de toute espèce que charriait non pas tant le fleuve, coulant encore dans son lit, que le torrent débordé qui couvrait un si large espace.

» Des chevaux, des bestiaux, des animaux de toute espèce ont péri. Pour presque tous les habitants, c'est une ruine complète, c'est la plus horrible misère, et ces groupes désolés qu'on a pu voir hier au soir parcourant la ville, les femmes avec un misérable jupon et portant des enfants presque nus, n'ont plus rien, plus rien absolument que les haillons encore tout mouillés dont ils se sont couverts à la hâte en fuyant. C'est à la charité à soulager ces respectables détresses dont sont innocents ceux qui les subissent.

» On nous signale de tous côtés des actes de courage et de dévoûment ; nous voudrions pouvoir tout enregistrer, mais nous n'y suffirions pas aujourd'hui. Outre le tribut d'éloges et de remerciments que nous sommes heureux de payer, au nom de la population, à tous les hommes de l'armée de Lyon, aux pompiers, aux mariniers, aux crocheteurs, nous citerons particulièrement les noms des sieurs Bussy, Picard, Antoine Sanlaville, Barré, Blanc et Grippon, qui nous sont particulièrement signalés. Nous aurons très-certainement occasion de grossir cette liste.

» A l'heure où nous écrivons, le Rhône a diminué depuis hier d'un mètre. Un mètre ! quelle masse cela ne fait-il pas sur une si immense étendue ? la décroissance continue. »

ÉPISODES DE L'INONDATION.

Nous ne saurions continuer ce lamentable récit, sans donner auparavant une pensée à ces malheureuses victimes, surprises par les eaux dans l'oubli du repos. Quelle dût être longue, et surtout quelle fut terrible cette nuit du 30 au 31 mai ! Nous avons dit les efforts tentés depuis la veille par les autorités civiles et militaires, pour conjurer le danger aux abords de la digue de la Tête-d'Or, et comment d'heure en heure, plus puissant, plus impétueux, le Rhône triompha de ce faible obstacle. A cet instant le canon d'alarme re-

tentit, la note stridente du clairon vient arracher à leur sommeil les habitants trop confiants;
l'inondation commence! Quelle plume pourra
jamais reproduire un pareil tableau? Le flot
s'avançait avec la rapidité de l'éclair; les maisons qu'il enlaçait dans sa puissante étreinte
chancelaient une minute et s'abîmaient avec
un craquement sinistre. Rompant le silence de
la nuit, de longs gémissements, des sanglots
et des plaintes étouffés, les cris du désespoir,
faibles murmures en comparaison de la grande
voix du fleuve, sortaient de ces ruines, et
s'éteignant bientôt, rendaient aux ténèbres
leur calme plein d'horreur. Une population
entière, jeunes gens, hommes faits, vieillards,
femmes et enfants débiles, pâles, les larmes
aux yeux, à demi-nus, s'enfuyaient à la hâte.
Le fils soutenait et guidait la marche de ses
parents, la mère emportait dans ses bras son
plus jeune enfant; d'autres, ceux que l'amour
de la propriété n'abandonne jamais, dispu-
taient à l'inondation ce qu'ils avaient de plus
précieux, un peu d'or, quelques meubles,

des marchandises, et parfois ils périssaient victimes de leur cupidité. Que de drames efffrayants se jouèrent pendant ces quelques heures, et resteront perpétuellement ignorés ! Le poète qui a raconté la désolation de Troie au pouvoir des Grecs, suffirait seul à cette tâche, et nous ne pouvons que rappeler quelques uns des épisodes les plus émouvants parvenus à notre connaissance. Les journaux suffisaient à peine à les enregistrer, et nous leur en empruntons les détails.

« Samedi matin, à huit heures, aux abords du chemin de ronde, une maison à moitié engloutie par les eaux était sur le point de s'écrouler ; sur les toits, une femme, tenant dans ses bras un enfant âgé de trois ans, poussait des cris affreux : une barque de sauvetage se dirige de son côté ; mais la maison oscille, une seconde encore, et elle va s'engloutir ; la mère ne songe qu'à son enfant, elle le jette dans les bras de ses sauveurs et disparaît dans les débris de la maison qui s'affaisse.

» Sur la place Napoléon, à la Guillotière, une femme veut traverser l'eau, le courant l'entraîne, elle va périr ; un gamin de douze à quatorze ans, jusqu'alors spectateur indifférent, s'élance avec ce courage de la jeunesse qui ne connaît aucun danger, saisit l'infortunée par les cheveux, et la sauve.

» Une maison de la Part-Dieu va s'écrouler, quatre femmes vont périr ; M. M..., employé à l'octroi, improvise à la hâte un radeau, et s'élance sur cette fragile embarcation ; il arrive à temps. A peine les femmes sont-elles sauvées que la maison s'écroule. Une pierre atteint à la tête M. M..., le sang coule à flots, mais rassemblant son énergie et son courage, ce généreux citoyen redouble d'efforts ; il atteint bientôt la terre ferme ; là les forces lui manquent, et il tombe évanoui dans les bras des spectateurs qui ont suivi avec anxiété toutes les péripéties de ce drame.

» Partout où il y a du danger, on trouve le dévoûment : dans les plaines du Prado, c'est un homme qui plonge à trois reprises dans un gouffre tournoyant, et trois fois sauve une nouvelle victime ; puis, après cet acte de courage accompli, se retire, refusant de dire son nom à ceux qui l'entourent et le félicitent.

» Dans la fatale matinée du 31, au moment du plus grand péril, les frères Benoît et Joseph Hachard dit Lafleur, déjà décoré de trois médailles, ont sauvé successivement, aux Charpennes, M. Saligny, à l'instant où sa maison s'écroulait, M. Besson ; M. François Berjon et M. Martin Bouchard, restaurateur, tous en danger de mort ; un vieillard de 78 ans, réveillé et enlevé quelque minutes avant que son habitation ne s'écroulât ; M. Louis Desfarges, jardinier, sa femme et ses deux enfants, réfugiés sur une tonnelle en fer, après l'écroulement de leur maison, et enfin les cinq enfants de la sœur de M. Thorcel.

» Dimanche, un bateau de sauvetage a chaviré à l'angle de la rue des Passants, où existait un torrent rapide : mariniers et passagers ont été précipités dans l'eau. Devant le péril, les spectateurs hésitaient à secourir ces malheureux, lorsque M. Peyre, commissaire de police , s'est courageusement jeté à l'eau. Cet honorable fonctionnaire a été assez heureux pour sauver plusieurs personnes.

» Dimanche , dans l'après-midi, des cris affreux étaient poussés au fond d'une cour de la rue d'Aguesseau, à la Guillotière, et ne tardèrent pas à être étouffés par le bruit épouvantable que produit une maison en s'écroulant. M. Charbonnier, maire de l'arrondissement, M. le curé de la paroisse de Saint-André , dont la conduite n'a cessé d'être admirable pendant ces fatales journées, accompagnés de plusieurs mariniers dévoués, montent dans une barque et se dirigent en toute hâte dans la direction des cris qui venaient d'être entendus. Ils pénètrent avec peine dans la maison qui leur est désignée, et voient une famille tout entière dont l'habitation vient d'être ensevelie , et composée d'un homme, de sa femme et de deux enfants, que celle-ci tient encore pressés dans ses bras, et disparaissant déjà au milieu de l'eau.

On se précipite à leur secours, et on parvient d'abord à retirer l'homme à bout de force, et au moment où il allait infailliblement périr. Quant à la femme, on réussit également à la saisir, au moment où vaincue par la douleur, elle venait, après une dernière étreinte, d'abandonner ses enfants. Ces deux malheureux sont restés quelques instants sans vie et sans mouvement; mais ranimés bientôt par les soins qui leur étaient prodigués, ils ont donné à la foule un spectacle navrant qu'on n'oublie jamais une fois qu'on en a été témoin.

» Rien n'était plus affreux que les cris poussés par cette malheureuse mère réclamant ses enfants; rien, surtout, n'était plus déchirant que les reproches que cette infortunée s'adressait pour les avoir abandonnés au moment où ils auraient pu être sauvés.

» Conduits d'abord à la mairie et ensuite chez M. Boissonnet, pharmacien, qui a été très-dévoué et qui a fait preuve d'un zèle digne des plus grands éloges, cet homme et cette femme ont été dirigés enfin sur l'hospice de la Guillotière.

» Les deux petits enfants de ces malheureux ont été retirés au bout d'une heure de recherches.

» D'autres enfants ont été retirés aussi sans vie sur plusieurs points de cet arrondissement si éprouvé, et portés au corps-de-garde, à cette heure-là, les communications n'étant, pas rétablies.

» Nous avons entendu citer avec beaucoup d'éloges le courage d'un jeune homme de dix-neuf ans, nommé Gerbilat, ouvrier moireur, rue de Sèze, qui est resté trente-six heures dans l'eau, et qui a arraché plusieurs personnes à une mort certaine.

» Les Petites-Sœurs des Pauvres, avec tout leur personnel de vieillards des deux sexes, ont été apportées, samedi, à deux heures, sur des fourgons, à l'Hôtel-Dieu. Depuis le déjeuner de vendredi, tous n'avaient rien mangé.

» Les directeurs de la maison du Saint-Enfant Jésus ont emporté leurs enfants sur le dos, un à un. Pour les infirmes, il a fallu faire des radeaux, y étendre des matelas, les coucher dessus, puis naviguer vers le port. Un des frères est retourné dans l'eau chercher le Saint-Sacrement et l'a porté dans une maison sur la place Louis XVI.

» Les capucins se multipliaient pour porter des secours à travers les chemins et les jardins couverts par les eaux. Il leur restait des provisions insuffisantes ; ils les ont distribuées à ceux qu'ils sauvaient. »

La lettre suivante, adressée au *Courrier de Lyon,* signale un trait de dévouement que nous sommes heureux de faire connaître.

« Monsieur le rédacteur,

» Parmi les nombreux actes de dévoûment auxquels a donné lieu la rupture de la digue de la Tête-d'Or, je vais vous citer un de ceux qui ont eu lieu dans la nuit du 30 au 31 mai, à une heure trois quart du matin, sur la route des Charpennes, près du chemin de ronde. Au bruit effrayant des cris : *Au secours !* au sinistre craquement des maisons qui s'écroulaient, deux intrépides citoyens, les sieurs Auguste Andraud, président de la 112ᵉ Société de secours mutuels, Francisque Laposse, droguiste, rue Mercière, 60, n'écoutant que leur courage, se sont élancés dans le fleuve et ont eu le bonheur, après avoir couru les plus grands dangers, de rapporter sains et sauf, chacun trois personnes, hommes, femmes et enfants. Il était temps; car les maisons habitées par ces malheureux se sont effondrées quelques minutes après. A ces braves citoyens se sont joints les sieurs Antoine Barolon et Chanteur, qui, se tenant les uns les autres pour ne pas être emportés par le courant qui grossissait à vue d'œil, ont encore sauvé à de grandes distances, plusieurs personnes en danger de périr.

» J'ai été témoin des faits que je vous rapporte et que je vous prie de signaler à la reconnaissance publique. Je n'ai pu vous les faire connaître plus tôt, occupés que nous étions aux digues et au sauvetage d'objets inondés.

» Je termine en souscrivant pour 20 francs en faveur des malheureuses victimes de l'inondation.

» Agréez, etc.

» *Un de vos abonnés,* Robert,

» Rue Mercière, 56. »

De tous côtés on s'empressait de faire parvenir à la connaissance du public les traits de courage et d'abnégation que la modestie de leurs auteurs auraient laissés dans l'ombre.

Voici, entre un bien plus grand nombre, quelques lettres que nous citons et qui seront pour les hommes dévoués qui en sont l'objet, la récompense la plus douce et la plus flatteuse. Elles sont adressées aux divers rédacteurs des journaux de Lyon.

» Monsieur le Rédacteur,

» Vous avez indiqué bien des pertes, signalé déjà bien des actes de dévouement à l'occasion des trop malheureuses inondations qui viennent d'atteindre à Lyon la rive gauche du Rhône.

» Permettez-moi de recourir à votre obligeance habituelle et de me rendre l'interprète d'une foule de malheureux ouvriers, en vous priant de vouloir bien encore signaler la conduite généreuse du sieur Henri Kahn, locataire du domaine de la Part-Dieu et entrepreneur des voitures publiques *les Parisiennes* à Lyon.

» En effet, oubliant en quelque sorte ses intérêts personnels et l'important matériel auxquels la gravité des circonstances lui commandait impérieusement de songer sans le moindre répit, ce n'est qu'après avoir recueilli dans son établissement plus de *cinquante personnes* dont les habitations voisines étaient envahies par les eaux et après avoir pourvu à tous leurs premiers besoins, que le sieur Henri Kahn s'occupa du sauvetage de ses chevaux et de ses voitures. Grâce au dévouement qu'il rencontra à son tour près de ses ouvriers et employés présents au moment du sinistre, comme de la part des officiers et soldats des braves régiments de la caserne de la Part-Dieu, la majeure partie de son matériel pût être mis en lieu de sûreté ; mais il lui reste néanmoins à supporter, nous le savons, des pertes de toute nature assez considérables, et qu'il eût évitées peut-être sans l'abnégation personnelle qu'il a montrée dès le principe et dont chacun se fait un devoir de lui rendre justice.

Veuillez agréer.

UN DE VOS ANCIENS ABONNÉS.

« Monsieur le rédacteur,

« Permettez-moi, au nom des habitants des Brotteaux, de signaler à la reconnaissance publique la conduite de M. Roussin, commissaire de ce quartier, qui, pendant l'inondation, s'est multiplié, et a sauvé, au péril de sa vie, plusieurs familles : il serait trop long de raconter tous les traits de courage accomplis par ce dévoué fonctionnaire.

« Au nom de M. Roussin, laissez-moi, je vous prie, ajouter celui de M. Prosper Vurpillat, l'un de ses agents, qui l'a accompagné

partout. Cet agent, décoré déjà de trois médailles, a été blessé assez grièvement; il a
perdu dans l'inondation tout son mobilier.
M. Jules Lami s'est aussi transporté aux endroits les plus dangereux, et à ce titre mérite
d'être cité.

» Recevez, etc.

» A. CROTTE, *rue de Sèze*, 11. »

« Monsieur le rédacteur,

» Vous qui avez eu l'obligeance d'inscrire dans votre estimable journal, dont je
suis un lecteur assidu, toutes les grandes
preuves de courage qui ont eu lieu pour
sauver la vie aux malheureux inondés, seriez-
vous assez bon pour y mentionner la personne
estimable à tous égard que je vais vous
citer, et que moi, homme simple, ai su ap-
précier, car je l'ai vu à l'œuvre.

» M. Félix Boissonnet, pharmacien à la
Guillotière, pendant tout le temps de l'affreuse
inondation que nous venons d'éprouver, a

porté, au péril de sa vie, de jour comme de nuit, à tous les malheureux qui ont réclamé son secours sur tous les points de l'inondation, et sans intêret, des médicaments aux malades, des paroles de consolation aux affligés. De tels traits ne méritent pas de passer inaperçus.

» Agréez, etc. » Ch^les-B^te PERRIN. »

« Monsieur le rédacteur,

» Parmi les personnes que vous avez mentionnées dans votre journal, et qui ont exposé leur vie pendant l'inondation, les habitants du clos Paradis, à la Mouche, vous prient de vouloir bien mentionner le nommé Moussy, marchand de vin, chemin des Culattes, n° 10, qui a rendu les plus grands et les plus périlleux services tant qu'a duré cette calamité.

» Nous l'avons vu jour et nuit, dans le plus grand danger, risquer sa vie pour secourir ses voisins; nous l'avons vu, de plus, braver une mort presque certaine pour sauver une mère et ses deux enfants, plus une autre

autre famille dont la maison s'est écroulée. »

(Suivent plusieurs signatures.)

Enfin le *Salut Public* terminait, par l'énumération que l'on va lire, la série de ces actes consolants pour l'humanité, en ce qu'ils montrent que l'égoïsme n'est que la loi de quelques uns et que dans les grandes circonstances, ce qu'il y a de noble et de généreux dans le cœur de l'homme, se réveille et se montre au grand jour.

« On nous écrit de toutes parts, disait son rédacteur, pour recommander à notre publicité des traits de courage accomplis pendant l'inondation. Les colonnes de notre journal, disons-le à l'honneur de notre population, ne suffiraient pas pour contenir tous les traits d'héroïsme qui ont eu pour théâtre les Charpennes et la Guillotière pendant ces jours néfastes ; cependant nous déférons en partie aux désirs exprimés par nos correspondants, en donnant le nom des personnes qui nous sont signalées, et en racontant succinctement

les faits qui les recommandent à la reconnaissance publique.

» M. Jules Canevot, artiste de Lyon, a sauvé
en se jetant à la nage, cinq personnes sur la
route du Sacré-Cœur. Plus tard, secondé par
le nommé Moulin Chamoiset, pendant la nuit
du 30 au 31 mai, M. Jules Canevot a recueilli,
à l'aide d'une barque, plus de trente inondés.

» Adolphe Mondémi, sapeur du génie, requis
pour étayer une maison près du fort Lamothe,
a travaillé toute la nuit, et est parvenu à retirer de dessous les décombres, au péril de sa
vie, plusieurs malheureux surpris par un
éboulement.

» Magnin, Borel et Louis Serret, employés à
l'octroi de Lyon, se sont fait remarquer par
leur courage ; les deux premiers ont opéré
des sauvetages périlleux, et le troisième a
concouru sans relâche à secourir les habitants
de la Tête-d'Or, au moment de la rupture de
la digue.

» Dunoyer, ouvrier tourneur, âgé de vingt

ans, s'est élancé sur une maison en ruines et a sauvé plusieurs personnes.

» Louis Brun, entrepreneur de pavage, a, pendant la nuit du 30 au 31 mai, parcouru tous les lieux envahis, et a arraché à une mort certaine un grand nombre d'inondés.

» Les frères Noux et Jacquet n'ont pas quitté la Villette pendant tout le temps de l'inondation, et c'est, en grande partie, au courage de ces trois mariniers que ce hameau doit d'avoir relativement beaucoup moins de malheurs à déplorer.

» Gauthier, sergent-major des pompiers, a, à lui seul, opéré le sauvetage de vingt-sept personnes.

» Le sieur Vignard, dit *Jacquot Sapin*, patron du bateau à vapeur l'*Eole* de la compagnie Bonnardel, a sauvé des eaux un ouvrier charpentier qui était sur le point de disparaître sous les bateaux amarrés au quai d'Albret. Ce brave marinier est, dit-on, coutumier du fait, et ce n'est pas la première fois qu'il se dévoue avec succès pour le salut de ses semblables.

» Au nombre des personnes qui se sont le plus fait remarquer pendant l'inondation de la rive gauche du Rhône, nous signalerons M. le docteur Subit, dont le dévoûment a été sans bornes. M. Duclos, brasseur, a droit aussi à la reconnaissance publique pour l'empressement avec lequel il a mis à la disposition de l'administration locale son vaste établissement pour y recueillir les inondés sans asile. M. Duclos a nourri et couché pendant la nuit de dimanche à lundi près de 500 de ces malheureux.

» M. X..., employé supérieur d'une de nos administrations, dont la famille habite pendant l'été une maison située aux Charpennes, avait, pendant toute la nuit du 30 au 31 mai, travaillé à la consolidation de la digue, lorsqu'elle se rompit tout-à-coup. M. X... s'empare d'un bateau et se dirige vers la maison où se trouve toute sa famille, sauve sa mère et ses deux plus jeunes enfants. Mais tandis qu'il les conduit en lieu sûr, l'inondation fait de nouveaux ravages : des maisons se sont écroulées, et pendant deux heures, le malheureux père lutte vainement pour atteindre sa maison, qui renferme encore sa femme et sa fille.

» Nous renonçons à décrire son angoisse et son désespoir. Les deux femmes sont parvenues à se hisser sur un arbre ; elles lui tendent les bras en l'appelant ; mais chaque mouvement imprimé au bateau pour le faire avancer le fait heurter à un mur caché dans l'eau et le repousse en arrière. M. X... amarre son embarcation à un tronc d'arbre, se jette dans les flots et atteint bientôt l'arbre sur lequel se sont réfugiées les deux femmes. Alors se passe une de ces scènes que la plume ne peut rendre : M. X... ne peut sauver qu'une personne, et la mère et la fille veulent chacune céder sa place à l'autre ; les moments sont précieux : l'arbre craque, quelques minutes encore et il va se briser. Pendant cette lutte de dévouement héroïque, M. X... apercoit une barque montée par des pontonniers, pousse des cris désespérés : il est entendu, et bientôt cette mère et cette fille, si dignes l'une de l'autre, serrent dans leurs bras les parents qu'elles n'espéraient plus revoir !

» Samedi, à six heures du matin, l'eau envahit le quartier de la Villette, toutes les maisons sont inondées, les locataires se précipitent aux fenêtres appelant au secours ; mais il n'y a encore aucun moyen de sauvetage organisé. Enfin, une barque est apportée sur une charrette. Trois jeunes soldats, Chevalier, Schelle et Pinchot, les deux premiers appartenant au 7ᵉ régiment d'artillerie, le troisième maréchal-ferrant au 1ᵉʳ chasseurs, la mettent à l'eau ; mais grand est leur embarras, de tous côtés ce sont des cris de désespoir. Qui sauver d'abord ? les soldats courent au plus pressé : une maison en pisé oscille déjà sur ses fondations, c'est vers elle qu'on dirige la barque ; on l'amarre à une fenêtre, cinq personnes y ont déjà pris place, lorsqu'une sixième en s'y élançant fait chavirer l'embarcation, tous sont précipités à l'eau, — et le bateau s'en va à la dérive. — Un cri d'horreur est poussé par les assistants. Chevalier reparaît le premier, il se dirige à la nage vers un arbre et là, se débarrassant de ses vêtements qui l'entravent dans ses mouvements, plonge dans l'eau, et secondé par ses deux camarades, arrache une à une toutes les victimes qui ont pu fort heureusement se cramponner aux branches des saules bordant la route. Ces malheureux sont déposés un peu partout : celui-ci sur un arbre, un autre sur un pan de mur d'une maison écroulée ; cependant des barques arrivent et recueillent tous ces infortunés.

» Qu'il nous soit permis de dire un mot de la conduite admirable des troupes, des sapeurs-pompiers et surtout de la compagnie des crocheteurs de la rive gauche. L'un de ces derniers, le nommé Jean Biolet, avait réussi à sauver d'une mort certaine sept personnes. L'officier supérieur de gendarmerie, témoin de cet acte d'intrépide courage, avait dit à Biolet que la médaille ne serait pas une récompense suffisante, qu'il aurait plus! Le malheureux n'en profitera pas. Il vient de succomber de fatigue, à l'âge de vingt-neuf ans, laissant une jeune femme enceinte.

» Pour clore cette liste fort incomplète des hommes qui se sont dévoués au salut des inondés, disons que de tous les côtés il nous arrive l'éloge des commissaires de police des quartiers envahis par les eaux ; ces fonctionnaires n'ont pas quitté un seul instant les lieux du sinistre, se transportant aux endroits les plus périlleux, donnant l'exemple du courage. Nous nous faisons avec plaisir l'écho de cet éloge général en citant les noms de MM. Claverie, Peyre et Villard, qui ont été secondés dans leur rude tâche par des agents dont la conduite est au-dessus de toute louange. »

A la suite de si grands désastres, la bienfaisance comprit aussitôt que son rôle commençait, et qu'après le dévoûment de ces hommes généreux qui avaient risqué leur vie pour sauver celle de leurs concitoyens, il fallait que l'or ruisselât en abondantes aumônes et vînt cicatriser toutes ces blessures saignantes, essuyer tous ces pleurs et faire luire aux regards de tous ces infortunés un rayon d'espoir consolateur.

Nous ne pouvons pour le moment donner à ce sujet les détails qu'une curiosité bien légitime attendrait, nous le ferons plus loin, accomplissant par là le devoir le plus doux et le plus méritoire, et les pages que nous y consacrerons seront en quelque sorte LE LIVRE D'OR DE LA CHARITÉ.

L'autorité préfectorale, devancée par l'élan spontané des masses, intervint pour le régulariser, et leur donner toute l'efficacité possible. Elle fit afficher l'avis suivant :

« Nous, sénateur, chargé de l'administration du dépaatement du Rhône, avons arrêté ce qui suit :

» ART. 1er. — Une commission est instituée sous notre présidence pour centraliser les rapports et renseignements sur les pertes occasionnées par les inondations, examiner les propositions et demandes de secours, faire la distribution des fonds provenant tant des allocations de l'Etat et des communes que des souscriptions volontaires recueillies au nom de l'administration.

» La commission s'entendra, à cet effet, avec les maires et les bureaux de bienfaisance, avec les commissions tant de souscriptions que de secours qui ont été précédemment établies, et celles qui pourront l'être encore, notamment celles qui seront chargées de l'évaluation des pertes dans les formes prescrites par la loi.

» MM. les curés seront priés de l'aider de leur concours.

» Art. 2. — Sont nommés membres de la commission :

MM.

Bertrand, président du conseil des prud'hommes, membre du conseil municipal.

Besson, maire du 5e arrondissement.

Boichot, directeur des contributions directes.

Brosset, président de la chambre de commerce.

Bruneau, secrétaire du conseil municipal.

Cabias, maire du 4ᵉ arrondissement.

De Cazenove (Raoul), propriétaire.

Charbonnier, maire du 3ᵉ arrondissement.

Coudour, curé de la paroisse de l'Immaculée-Conception.

Dalin, membre du conseil général du département.

Desgaultières, ordonnateur du bureau de bienfaisance de Lyon.

Desmazières, conseiller de préfecture.

Devienne, curé de la paroisse de St-François.

Droche, membre du conseil municipal.

Duperray, curé de la paroisse de Serin.

Faure (Bruno), président de l'administration des hospices, membre du conseil municip¹.

Gaillard (Fleury), propriétaire.

Gros (Albert), propriétaire.

Guérin, banquier, membre du conseil d'administration des hospices.

Laforest, membre du conseil général du département et du conseil municipal de Lyon.

Lagrevol, substitut du procureur général.

Morand, adjoint au maire du 2ᵉ arrondiss^t.

Morel, membre de la commission des prisons.

Onofrio, avocat général à la Cour impériale.

Riboud (Camille), membre du conseil d'administration des hospices.

Royé-Vial, membre du conseil général du département.

De Soultrait, receveur général des finances.

Vachon, propriétaire des moulins à vapeur de Vaise.

Valois, président à la Cour impériale, membre du conseil général.

Vincent, curé de la paroisse de Vaise.

» Art. 3. — M. Pelvey, sécrétaire général de la préfecture pour l'administration, présidera la commission en notre absence.

» M. Jacques, chef de division à la préfecture, remplira les fonctions de sécrétaire de la commission.

» Lyon, le 7 juin 1856. »

L'initiative vint de plus haut encore. Le cri des Lyonnais en détresse alla aux Tuileries frapper l'oreille de l'homme providentiel qui préside aux destinées de la France ; son grand cœur s'émut, et il sentit que pour être véritablement le souverain d'un peuple, il ne faut pas seulement lui commander, mais qu'il faut encore l'aimer et l'assister dans ses souffrances.

Parti subitement de Paris, l'Empereur arriva à Lyon sans que sa présence fût annoncée ni prévue. Partout sur son passage, il repandit à pleines mains l'or, qui donne du pain, et les paroles magiques qui raniment les courages abbattus ; puis emportant avec lui l'amour et les bénédictions des inondés, il continua vers le Midi sa marche bienfaisante, comme plus tard il devait, aux habitants du bassin de la Loire, apporter les mêmes consolations, les mêmes espérances.

Mais ce n'est pas ici le lieu de raconter longuement ce voyage émouvant ; le récit d'autres désastres nous réclame.

L'INONDATION

Tandis que Lyon voyait s'éloigner de ses murs le fléau, d'autres contrées, à leur tour, en subissaient les ravages.

On lisait dans le *Courrier de Saône-et-Loire* :

« Les nouvelles de l'arrondissement nous apprennent que la Grosne a déjà envahi quelques maisons au Moulin-à-Papiers, commune de Saint-Ambreuil. Au port de Thorey, à Gigny et sur tout le littoral, les habitants se préparent à déménager et à quitter leurs habitations. A Chagny, les rues du Nanty, de l'Artichaut, du Bourg, de Baune, et de la Fontaine-Barret ont été inondées par le Nanty, petit ruisseau singulièrement grossi par les eaux. La crue de la Dheune est plus forte que la dernière. La route impériale de Chagny à Chassagne est coupée dans la moitié de sa largeur, près du viaduc du chemin de fer; les communications sont interrompues et le passage interdit. Entre Chagny et Saint-Léger, la route a été également submergée, sur une partie de son étendue. Au Puley, la partie basse du village a été inondée. Près de là, l'eau a rompu une digue et emporté les réparations faites au chemin n° 28.

» A Cuisery, la Seille avait presque atteint le niveau de 1840. »

Le *Journal de l'Ain* apportait en ces termes son contingent de tristes nouvelles.

« La Reyssouze a débordé sur les prairies qui l'avoisinent. Les eaux qui, le 16 mai, ne passaient que sur la route de Ceyzériat, ont envahi les maisons du faubourg du Jura, que plusieurs habitants ont eu la précaution de déménager. La route de Lons - le - Saunier formait une chaussée assez élevée pour refouler l'eau en amont de l'ancien lit de la Reyssouze, dont le pont était tout-à-fait insuffisant pour l'écoulement.

» Cette route a promptement été couverte par les eaux, ainsi que celle de Louhans.

» Le hameau des Dîmes, situé entre les deux routes de Ceyzériat et de Jasseron, a été totalement submergé.

» M. le préfet de l'Ain s'est transporté sur les lieux couverts d'eau, accompagné de M. Achard-James, conseiller de préfecture, et de M. l'ingénieur en chef des ponts et chaussées. M. le préfet a visité plusieurs maisons et a donné aux habitants inondés des paroles de consolation et d'encouragement.

» M. Chicod, adjoint, et M. Baujolin, commissaire de police, se sont rendus dès le matin dans les maisons inondées de divers quartiers. Par leurs soins un service de voitures a été établi pour le passage des personnes et l'approvisionnement des ménages. Des mesures de sûreté avaient également été prises par ces fonctionnaires pour les bâtiments peu solidement construits.

» Les habitants des fermes situées près de la Reyssouze, dans la direction de Viriat, ont évacué leurs demeures. Le bétail a été amené au faubourg de Mâcon.

» Depuis vendredi, nous n'avons pas reçu de courrier de Belley. On dit le passage fermé par l'Albarine démesurément grossie près de Torcieu. Il ne peut pas non plus arriver à Nantua.

» Le 30, les eaux de cette rivière ont enlevé un pont de trois arches construit pour le chemin de fer, à Torcieu ; on nous rapporte que le pont de Saint-Denis-le-Chausson est aussi endommagé.

» Les eaux de la Sereine ont emporté à Montluel une portion de la chaussée du chemin de fer sur une longueur de près de 30 mètres.

» Châtillon-les-Dombes, Pont-de-Veyle et Trévoux sont dans la plus vive anxiété. Dans la première de ces localités les eaux de la Chalaronne ont envahi les maisons et s'y sont élevées à près d'un mètre dans les endroits les plus hauts de la partie basse de la ville. Il y a eu plus d'eau qu'en 1840.

» A Trévoux, des bâtimens en construction, détrempés déjà par les premières pluies, se sont affaissés.

» Dans l'arrondissement de Belley, les inondations ont causé d'assez grands désastres.

» Le village entier de la Sauge dépendant de la commune de Saint-Benoît, situé dans une île du Rhône, est entièrement détruit. Isolés dans leur île, habitant des maisons bâties en pisé, ces malheureux cultivateurs voyaient s'élever le niveau des eaux avec déséspoir; ils s'étaient tous réfugiés dans les étages supérieurs, n'attendant leur salut que de la Providence. Le maire de Saint-Benoît s'est jeté dans une barque, entraînant par son exemple bon nombre d'habitants de sa commune. Il est arrivé à temps pour sauver tout le monde ; mais les maisons se sont écroulées aussitôt, et quinze sur dix-sept ont été englouties. Voilà bien des familles sans asile et sans pain ! Le maire, avec le même entraînement, a pourvu aux premiers besoins.

» Le village de Rives, commune de Massigneu, celui de Chantemerle, commune de Brens, et deux sections de Bregnier-Cordon ont été complétement inondés ; les habitants ont dû se réfugier avec leurs bestiaux dans les localités voisines. La ville de Seyssel a été également envahie par les eaux ; mais il n'y a pas eu d'accidents à déplorer.

» Le Séran a aussi inondé les communes qu'il traverse, ainsi que les villages de Rochefort, Talissieu et Ameyzieu.

» La vallée de l'Albarine a beaucoup souffert ; la ville de Saint-Rambert, les villages de St-Maurice et St-Denis ont été inondés durant deux jours ; les rez-de-chaussée ont été envahis, le quai de St-Rambert a été emporté ;

à Saint-Maurice, la rupture d'une digue a donné une autre direction aux eaux et a préservé le village.

» Les petits ruisseaux ont aussi causé des dégâts à Pugieu, Tenay, Ambérieu, Ambronay, Château-Gaillard, où quelques maisons ont été envahies par les eaux. Des éboulements de terrain ont eu lieu sur le territoire de Belley, Rochefort, Argis, Bénonces, Souclin; la circulation y a été momentanément interrompue, mais on ne signale pas d'accident grave. »

Dans les départements voisins, ce n'était pas le Rhône qui avait seul le privilége de porter partout la ruine et la désolation. Le Dauphiné, sillonné en tous les sens par des torrents, — car c'est là le nom qui convient plutôt que celui de rivière à l'Isère, au Drac et à la Romanche, — offrait un spectacle plus effrayant peut-être.

Le Courrier de l'Isère, dans les lignes que nous en extrayons, peut faire comprendre toute l'étendue des pertes subies par cette contrée qu'habite une population pauvre mais intelligente et laborieuse.

« Les redoutables désastres que faisait pressentir la crue extraordinaire des rivières et des cours d'eau, pendant la soirée du 29 et la journée du 30 mai, n'ont pas tardé à se réaliser. Les pluies torrentielles, qui n'ont cessé de tomber jusque dans la soirée du 30, ont produit une inondation plus générale et plus terrible encore que celle de 1840 et de 1816. L'Isère, la Romanche et la Bourbre se sont élevées à un niveau qu'elles n'avaient pas atteint depuis près d'un siècle, et ont fait partout d'affreux ravages. Nous ne connaissons pas encore le nombre et l'étendue de tous les sinistres qui viennent de frapper notre malheureux pays ; mais chaque courrier qui arrive nous apporte de navrants détails. Nous allons en donner le résumé.

» Depuis plusieurs jours, un vent chaud soufflant du sud-ouest avait ramolli les neiges qui couvraient les sommets, et les pluies diluviennes du 29 et du 30 ont déterminé la fonte sur toutes les montagnes. En quelques heures, les ruisseaux et les torrents ont crû d'une manière prodigieuse.

» Dans la vallée de l'Isère, en amont et en aval de Grenoble, depuis la frontière de Savoie jusqu'aux abords de la Drôme, de larges brèches se sont ouvertes dans les digues et ont livré passage aux eaux, et l'immense et magnifique plaine du Graisivaudan, couverte de riches et abondantes récoltes, a été submergée en quelques moments, et s'est transformée en un lac tumultueux. La rupture des digues du Touvet et de Crolles a commencé; l'endiguement de Froges n'a pu résister non plus, et celui de Domène a bientôt été emporté. Sur ce dernier point et par un surcroît de calamité, le torrent de Domène a rompu ses berges, en sorte que les propriétés ont été doublement envahies. Le ruisseau de Gières a exercé des ravages inouïs, renversé des murs et inondé une énorme étendue de terrain. Les digues de Meylan seules ont pu résister. En aval de

Grenoble, le mal a été encore plus grand ; les digues du Fontanil, de Voreppe, de Moirans ont été rompues, et l'irruption a eu lieu d'une manière terrible. A Saint-Robert, la Vence a fait une trouée dans les travaux de défense destinés à la contenir.

» Les efforts désespérés des populations et des troupes, sous la direction de l'autorité et des ingénieurs, étaient presque partout impuissants à préserver les endroits menacés, et à résister à l'envahissement des eaux. La violence du fléau était trop grande pour que les forces humaines pussent le conjurer. Qui pourrait donner une idée de l'épouvantable spectacle que présentaient les malheureuses communes en proie à l'envahissement de cette immense nappe d'eau dont les flots torrentiels et impétueux roulaient avec un bruit sinistre, et venaient fondre sur les habitations après avoir ravagé les champs? De tous côtés on entendait des cris de terreur et de détresse, auxquels se mêlait le bruit du tocsin, qui sonnait dans les églises pour implorer du secours

» Dans la soirée du 30, la ferme-école de Saint-Robert a été totalement submergée et l'eau se précipitait dans les maisons de Fontanil jusqu'à la hauteur du premier étage. Les malheureux habitants étaient obligés de se réfugier sur les toits et sur les arbres, en attendant que des hommes dévoués, comme il y en a partout, — disons-le à l'honneur de notre pays, — allassent, à travers mille périls, les recueillir dans des barques incessamment battues par les flots, arrêtées par les plantations submergées et exposées à tout instant à chavirer. Combien de gens ont ainsi passé la nuit dans la terreur avant de pouvoir être délivrés! Il y avait à chaque instant de terribles scènes! Un agent des ponts et chaussées s'était jeté courageusement dans une barque pour aller sauver sept personnes menacées de mort; à peine furent-elles descendues dans la barque, que celle-ci fut entraînée dans la direction de l'Isère et disparut bientôt emportée par la force du courant. Fort heureusement, nous assure-t-on, elle a pu aborder à quelques lieues plus bas. A Sassenage, M. le curé Bivon, le garde champêtre Micout et le chef de la brigade sont également parvenus, avec un courage au-dessus de tout éloge, à arracher une famille entière à la mort. Malheureusement ces efforts généreux n'ont pas toujours été couronnés de succès, et nous apprenons qu'à Chantesse, huit personnes ont péri sous les décombres d'une maison écroulée, sans qu'on ait pu arriver jusqu'à elles.

» Voilà le tableau qu'offraient les rives de l'Isère; celui du parcours de la Romanche n'était pas moins triste. Au Bourg-d'Oisans, cette rivière, grossie démesurément par la fonte subite des neiges, a, dans la matinée du 29, rompu ses digues; en quelques instants la brèche s'est développée jusqu'à une largeur de 250 mètres. Le 30 au matin, elle a fait en amont du bourg, deux nouvelles brèches de 100 mètres sur la rive droite. Quinze hameaux entiers sont dans l'eau, qui recouvre à la hauteur de 1 mètre 50 cent. une plaine de 800 hectares, les meilleures terres du pays. Les habitants se sont réfugiés sur les toits ou se sont enfuis de leurs maisons. Six cents de ces malheureureux sont sans asile. La route impériale est interceptée sur une longueur de plus de deux kilomètres. Le torrent de Vénéou a emporté le pont des Gauchoirs.

» A Séchilienne, la détresse est la même, et pendant deux jours les habitants de cette commune, dont les maisons étaient en proie aux envahissements de la Romanche, ont été privés de communication. Durant quarante-huit heures, la route impériale a été coupée au-dessus de Vizille, et on a eu les craintes les plus vives que le bourg lui-même ne fût emporté. Le 30 et le 31, les habitants ont lutté contre une ruine imminente. L'inondation a pourtant gagné la partie basse du bourg. Le pont de Champ à Lamure n'existe plus; plusieurs passerelles ont été renversées.

» Les autres arrondissements, notamment

celui de la Tour-du-Pin n'ont pas été plus ménagés. La Bourbre, a rompu ses digues, s'est frayé un passage à travers la ville, où elle a fait des ravages considérables. Dans les rues, les passants avaient de l'eau jusqu'à mi-corps. Quinze maisons se sont écroulées, et de beaucoup d'autres les habitants n'ont eu que le temps de s'enfuir à la hâte. Deux malheureux pères de famille, victimes de leur dévoûment, ont péri en cherchant à porter du secours à leurs voisins. Un de leurs cadavres a été retrouvé. Le 30, Cessieux était sous l'eau; il y en avait 2 mètres dans les maisons, dont plusieurs se sont écroulées. Au Bouchage, dans la soirée du même jour, on ne voyait que le toit des maisons. On nous annonce à l'instant que les deux tiers des habitations de cette commune se sont écroulées. Les malheureux inondés manquent de tout et se réfugient où ils peuvent. Les communications sont rompues entre la Tour-du-Pin et Bourgoin, où la Bourbre a aussi débordé, après avoir emporté plusieurs ponts. Celui de Boussieu à Ruy est détruit. A Jailleu, trois maisons se sont écroulées ; la fabrique de M. Perregaux est submergée et les ouvriers ont été forcés de la quitter.

» Dans l'arrondissement de St-Marcellin, Moirans, la plaine de Tullins, l'Albenc, Chantesse, sont complétement inondés. L'inondation a détruit à Moirans plus de vingt maisons, mais on n'a eu là aucun accident à déplorer. Le village des Fauries a été envahi par les eaux, qui ont submergé les habitations et intercepté la route de Grenoble à Valence.

» Tels sont les détails douloureux qui nous sont parvenus jusqu'ici, du 30 et du 31 mai. Depuis samedi, la pluie a enfin cessé et le soleil est venu éclairer cette scène de désolation. Hier dimanche, vers une heure du matin, l'Isère a commencé à décroître. La circulation se rétablit sur les routes, et les courriers, en retard de deux jours, nous apportent de tous côtés de déplorables nouvelles. Si quelque chose pouvait atténuer l'étendue de ce malheur, c'est l'énergie que nos populations ont déployée partout où leurs efforts ont pu avoir un but et un résultat. Pendant toute la durée du sinistre, M. le préfet de l'Isère s'est entendu avec M. le général de Solliers pour envoyer des troupes sur les points les plus gravement menacés; ils s'y sont transportés eux-mêmes pour organiser des moyens de sauvetage, et encourager par leur présence le zèle des travailleurs. Nos soldats ont rivalisé de dévouement avec la gendarmerie et les agents des ponts et chaussées; ils ont rendu de grands services aux populations qui, épuisées par un travail incessant, finissaient par manquer de bras. »

Cependant au-dessous de Lyon, et grossi outre mesure par les eaux qu'il continuait à recevoir des montagnes qui bordent ses rives et des ruisseaux qui se jettent dans son sein, le Rhône continuait ses ravages. Vienne, Condrieu, les campagnes qui les avoisinent, voyaient se reproduire, quoique sur une

échelle moins vaste les mêmes scènes lugubres, et inscrivaient dans leur histoire une
date néfaste de plus.

Le département de la Drôme n'échappait
pas au danger de leur terrible voisinage, et
les journaux de la localité enregistraient les
détails suivants.

« Les riverains du Rhône sont depuis hier
dans la plus affreuse désolation. A la suite
d'une pluie diluvienne de quarante-huit heures, et qui paraît avoir persisté avec la même
violence sur toute l'étendue des vallées du
Rhône, de la Saône et de leurs nombreux
affluents, notre fleuve a repris son mouvement ascensionnel avec une rapidité et une
fougue effrayantes, qui rappellent les jours
néfastes de 1840.

» Hier au soir, le Rhône n'était encore à
Valence qu'à 5 mètres, c'est-à-dire à 50 centimètres au-dessous de l'étiage; il était ce
matin à 20 centimètres au-dessus; à midi, à
50 centimètres; à trois heures de l'après-
midi, à 80 centimètres.

» L'inondation est arrivée pendant la nuit comme un torrent ; en quelques heures, les quais, l'arsenal, les rez-de-chaussée d'un grand nombre de maisons de la basse ville et de toutes celles des jardins, des prairies et des îles ont été submergés ; leurs habitants épouvantés ont dû se réfugier aux premiers étages, et ne peuvent communiquer avec l'extérieur qu'au moyen de bateaux, d'échelles ou de passerelles suspendues.

» M. le préfet de la Drôme et l'autorité municipale se sont empressés de prendre des mesures pour prévenir tout accident et pourvoir à la sûreté et à la nourriture des habitants des quartiers inondés, dont plusieurs ont déjà émigré en ville.

» Les nouvelles du nord et du midi sont désolantes ; d'Etoile à Montélimart, les plaines riveraines du Rhône ne forment presque sans interruption qu'un vaste lac.

» Au nord, toutes les localités situées sur les bords du Rhône, les deux routes impériales, les terres submersibles sont envahies sur une immense étendue; le chemin de fer est coupé entre Vaugris et Vienne, ainsi qu'entre Vienne et Estressin; on redoute qu'il en soit bientôt de même en d'autres endroits, et notamment entre Tain, Serves et Saint-Vallier. Depuis hier, à 7 heures du soir, aucun courrier du nord n'est arrivé à Valence.

» Des secours pressants ont été demandés de la Roche-de-Glun; 200 militaires sont partis à une heure de l'après-midi pour cette localité par un convoi spécial du chemin de fer. »

« Valence, quatre heures du soir.

» La température s'est un peu élevée, la pluie a momentannément cessé; le ciel commence à s'éclaircir et le vent du nord semble vouloir prendre.

» Le Rhône continue à monter, mais très-lentement. Ses eaux sont encore à 30 centimètres au-dessous du niveau de 1840; on attend avec anxiété la crue qui s'est produite à Lyon.

» Les quais de Valence, du Bourg et de la basse ville sont complétement inondés ; les eaux viennent jusqu'à la place St-Estève, et jusqu'à 40 mètres de la côte St-Martin. La rue des Boucheries qui longe latéralement le coteau, a un pied d'eau sur la moitié de sa longueur. Dans quelques rez-de-chaussée de la rue Pêcherie et du Bourg, il y a six pieds d'eau.

» De l'autre côté du pont, le fleuve a envahi la route de Saint-Péray à 60 mètres du pont, sur une largeur de 30 mètres ; un courant très-fort s'est établi entre les hôtels Chaléat et Guillot, et se répand dans la plaine des Granges

» Le fleuve charrie peu de débris ; cependant nous avons vu passer des bestiaux, des porcs, un cheval, une voiture, un toit de baraque et quelques troncs d'arbres.

» A trois heures le courant, a emporté trois grands bateaux chargés de charbon, amarrés au port, et sur l'un desquels, se trouvait, nous assure-t-on, un marinier. L'un de ces bateaux s'est perdu à un kilomètre de son point de départ, au milieu des prairies semées de peupliers qui bordent le fleuve ; les deux autres ont suivi le bord, sans que l'on sache ce qu'ils sont devenus.

» A la Paillasse, la Véoure a rompu ses digues et a causé des dégâts énormes.

» On nous annonce qu'un éperon en amont du Bourg, est gravement menacé. »

« Valence, cinq heures du soir.

» Le télégraphe électrique est interrompu.

» Des troupes viennent d'être envoyées à Tournon, par un convoi spécial, sur la demande pressante des autorités de cette ville. »

Le même journal annonçait heureusement le lendemain que le Rhône rentrait dans son lit, et que de nouvelles calamités n'étaient sans doute plus à redouter.

Comme on peut le présumer, en approchant du terme de sa course, le Rhône voyait s'accroître le volume de ses eaux et leur impétuosité ; *vires acquiribat eundo.* En effet, là point de chaîne de montagnes qui pussent le contenir dans de certaines limites et borner ses ravages ; partout, au contraire, de vastes plaines protégées par des digues insuffisantes, terrains conquis depuis les temps les plus anciens sur le fleuve lui-même, et dont le fleuve allait reprendre possession. La Bran, longtemps regardée comme infertile, et que le génie d'Adam de Craponne avait rendue féconde ; la Camargue, véritable savane du Nouveau-Monde, où comme dans les pampas de l'Amérique du Sud d'immenses troupeaux de chevaux et de taureaux erraient en liberté, seul et productive richesse des habitants de ce pays ; en quelques jours, cette contrée allait être bouleversée, et l'imagination pourrait à peine en énumérer les désastres.

Voici ce qu'à la date du 31 mai on écrivait de Tarascon.

« Hier samedi, à six heures du soir, les eaux du Rhône étaient à 7m,95 au-dessus de l'étiage, c'est-à-dire de 1m,10 plus élevées qu'en 1840.

» A dix heures du soir, l'eau ne montait plus, et ce matin elle s'était abaissée de plus d'un mètre. Le chemin de fer est brisé en plusieurs endroits, et les communications avec Avignon seront probablement interrompues quelque temps. Tout le bassin du Rhône n'est plus qu'une vaste mer.

» Voici la hauteur exacte des eaux, dans la matinée de dimanche : à sept heures du matin, 7 mètres ; à huit heures, $6^m,95$; à neuf heures, $6^m,90$; à onze heures, $6^m,85$, comme en 1840. »

« Arles, 31, 8 h. 1/2 du soir.

« Les craintes n'étaient que trop fondées : le Rhône, qui avait atteint 5 mètres ce matin à huit heures, marque à l'échelle du canal de navigation d'Arles à Bone, $5^m,60$. C'est 35 centimètres de plus qu'en 1840 ; aussi les eaux dépassent-elles presque partout les chaussées les plus élevées.

» Une brèche de plus de 100 mètres de long s'est déclarée à la pointe de Trinquetaille, vers cinq heures du soir; on assure qu'il en existe une autre au mas de Rey, près du mas d'Ivan.

» Le pont de bateaux a été partiellement emporté dans la matinée; vers le soir, la partie restante du côté de Trinquetaille a été emportée par les eaux.

» Toutes les parties basses de la ville et les quartiers de la Roquette, du Saint-Esprit, Lalice jusqu'au théâtre, les rues du Pont, de Chiavary et la rue Neuve, sont inondés jusqu'à une grande hauteur. »

« Arles, 1er juin, 7 heures du soir.

« La brèche faite aux chaussées de la Camargue, entre le pont de Fouques et la porte de Trinquetaille, occupe maintenant 4 ou 500 mètres; les eaux s'étendent dans le bassin de la Corrège, et elles arrivent jusqu'aux anciens Ségonaux du Rhône, Saint-Ferréol vers Cabassole, le mas d'Agon et Méjannes; là elles tendront à se niveler, et viendront battre les bords du chemin de Villeneuve jusqu'aux portes d'Arles.

Le pont d'Arles a été successivement emporté hier, ainsi que je crois vous l'avoir écrit. Trente ou trente-cinq bateaux appartenant à divers négociants ou à des compagnies ont sombré. De toutes parts, les désastres sont incalculables ; l'on craint même que quelques hommes n'aient perdu la vie.

» Le département du Gard n'est pas plus heureux que nous ; Fourques et Bellegarde sont à l'eau par les brèches de Beaucaire. »

« Beaucaire, lundi, 2 heures.

« Le Rhône n'a pas encore sensiblement décrû, par suite d'une brèche de deux kilomètres faite à la chaussée du chemin de fer, il inonde la plaine entre Tarascon et Saint-Remy, sur une largeur de dix kilomètres. La plaine du côté de Beaucaire est également inondée.

« Arles, 5 juin.

» Après avoir emporté le pont et une trentaine de bateaux chargés de charbon, le Rhône a passé par-dessus les digues et les a renversées en plusieurs endroits, inondant ainsi la vaste plaine de ce beau territoire, couvert, cette année, de la plus belle récolte, prête à être moissonnée.

» En quelques heures, tout a été perdu, et les plaines de la Camargue, Trebon et Plan-du-Bourg, se sont couvertes d'eau, de cinq à huit heures du matin. La perte est immense, et, si aux céréales on ajoute encore celle non moins grande des bêtes à laine, on peut, sans exagération, les porter à plusieurs millions pour Arles seulement.

» Le mal énorme que nous éprouvons n'a pas été occasionné par la rupture seule des chaussées d'Arles, mais encore par les chaussées en amont de Tarascon, qui couvraient et protégaient un territoire d'environ 80 kilomètres de long.

» Le Rhône baisse un peu, mais il n'y a rien de nouveau dans notre situation.

» Le Grand-Plan du Bourg sera probablement préservé; il en est de même des principaux domaines de la rive droite du grand

Rhône. Cependant, dans la basse Camargue, l'invasion des eaux se fait actuellement sentir en refluant dans les terres qui n'ont pas reçu les eaux directement.

» Les chaussées ont servi de refuge à une grande quantité de troupeaux, que les malheureux fermiers ne savent comment nourrir. »

La proclamation suivante a été affichée sur les murs d'Arles :

« Habitants d'Arles !

» La Providence ne nous abandonne point dans nos misères : elle nous envoie l'Empereur. Aujourd'hui même il sera dans nos murs. Il vient pour s'assurer par lui-même de l'étendue de vos désastres et soulager vos souffrances, autant qu'il est donné à l'homme d'adoucir les rigueurs du ciel.

» Espérance donc et courage ! Voici la fortune de la France !

» *Vive l'Empereur !*

» Pour le maire d'Arles,

» RAME, 1er *adjoint.* »

Les journaux ne cessaient de recevoir et de publier les détails les plus navrants. Ainsi, dans une lettre adressée au *Messager du Midi,* on citait ce qui suit :

« Lorsqu'on arrive à Arles par le chemin de fer, les premières eaux que l'on rencontre s'étendent en une vaste nappe, à gauche du remblai du chemin de fer entre Saint-Martin et Raphèle.

» Voici comment la villes d'Arles fait procéder au sauvetage des bestiaux des campagnes voisines : on les fait arriver sur des radeaux jusqu'à la chaussée, on les embarque dans des penelles qui en portent chacune un millier ; ces penelles, remorquées par des bateaux à vapeur, viennent les déposer sur un point de la chaussée opposée, d'où elles peuvent arriver jusqu'à Arles. Pour sortir et gagner la Crau il n'y a que deux voies, celle du chemin de fer et le lit du canal de Craponne. On a desséché ce dernier, et c'est par là qu'on peut éviter le pont de Crau, déjà si élevé et portant néanmoins 1^m,50 d'eau.

8

» L'administration de la ville d'Arles déploie le plus grand zèle. Elle dépense 2,000 francs par jour pour le sauvetage.

» Voici le seul fait saillant que j'aie pu recueillir. Une émigration, composée de vingt personnes, suivait la grande chaussée ; une brèche s'ouvre devant elle, elle veut revenir sur ses pas ; une nouvelle brèche l'arrête. Il faut se résigner et attendre, car l'eau assiège la chaussée de tous côtés. Ces malheureux sont restés ainsi vingt-quatre heures. Un baeau à vapeur est venu les délivrer. Un troupeau d'une centaine de chevaux se trouvait pris de la même manière ; les gardiens ayant voulu abandonner la position, y ont perdu huit ou dix de leurs bêtes.

» Les eaux sont arrivées jusque dans les marais de Raphèle, distants de Boulbon de huit à neuf lieues. La surface du pays inondé est de vingt lieues au moins. J'entends de temps en temps des coups de fusil, tirés en signal de détresse, par des habitants de *mas* dispersés dans la campagne.

» Des bateaux circulent dans toutes les directions pour porter des secours. M. Picard, commissaire de surveillance, administrateur du chemin de fer, a accompagné M. le baron Duveau, sous-préfet d'Arles, et M. Bernard, ingénieur des ponts et chaussées, qui se sont transportés partout où leur présence était utile. »

On aurait pu croire avec raison que là devaient se borner les malheurs qui venaient d'affliger cette contrée ; le 8 juin, le Rhône baissait, et cependant rien n'était changé à la triste situation qui durait depuis une semaine, le mistral sur lequel on avait fondé un espoir bienfaisant vint même l'aggraver encore et la rendre irrémédiable.

On lisait dans la *Gazette du Midi* :

« Les journaux reçus depuis samedi ne nous apprennent rien de nouveau sur l'état du Rhône dans sa partie inférieure. Des lettres particulières annoncent seulement que l'eau s'est retirée de l'intérieur d'Avignon. Il en reste plus dans les rues inondées que la vase déposée par le fleuve.

» Deux lettres d'Arles, du 7 et du 8 juin, donnent des détails peu consolants sur la situation du territoire de cette ville et même de la partie inférieure, dont quelques points avaient été jusqu'ici comparativement épargnés.

» Au lieu de s'améliorer, la situation de la partie inférieure du Delta n'a fait que s'aggraver. Les eaux envahissent tous les jours quelques points de cette partie du territoire, qu'elles n'avaient pu atteindre encore.

» Depuis vingt-quatre heures, un vent du nord furieux convertit nos vastes plaines inondées en une mer houleuse, et menace de compléter nos désastres. Poussées avec une extrême violence par cette espèce d'ouragan, les eaux du Rhône, qui se maintiennent toujours à la même hauteur, s'introduisent par les brèches avec plus d'abondance, se précipitent vers les régions inférieures de la basse Camargue, et remplissent le Valcarès, qui, à son tour, rejette son trop-plein sur les *levadons* (petites levées), protecteurs de ces zones, les détruit, et inonde ainsi, par regorgement, cette partie de notre territoire qui avait échappé jusqu'à ce jour à la submersion générale.

» Les chaussées du Rhône sont elles-mêmes menacées de nouveau sur plusieurs points. Les vagues déferlent avec furie sur des terres détrempées, détruisant rapidement les digues qui se trouvent dans la direction du vent.

» Déjà plusieurs habitations ont été renversées par la tempête sur plusieurs points du territoire. Quelques bestiaux ont péri sous les décombres. On ne dit pas qu'il y ait eu mort d'homme.

» Grâce au zèle infatigable et au dévoûment de M. le sous-préfet, des autorités municipales, de M. Bosc, secrétaire général de la mairie et de plusieurs autres fonctionnaires, dont le concours leur est venu puissamment en aide, des moyens de secours avaient été réunis dès la première heure, pour venir au secours de toutes les souffrances qui se produisaient sur la surface de notre immense territoire. Chaque jour, une multitude d'embarcations portaient aux inondés du pain et les autres provisions nécessaires à la vie; d'autres transportaient sur les chaussées les troupeaux en péril dans l'intérieur de la Camargue. Cinquante mille bêtes à laine environ, surprises par les eaux, ont pu être ainsi garanties du premier danger. Deux bateaux à vapeur, frétés par l'administration municipale, complétaient le sauvetage, en déposant sur le chemin de la Crau ces pauvres bêtes, exténuées de fatigue et de privations. Nous avions la douce espérance de sauver entièrement cette richesse du pays; je pourrais dire cette richesse nationale; aujourd'hui nous sommes menacés d'échouer au port. La violence du vent est telle, que les bateaux à vapeur n'ont pu fonctionner. Si cet état de choses se prolongeait seulement deux ou trois jours, tout serait perdu, et nos troupeaux mourraient de faim, après avoir été préservés de l'inondation. »

« DIMANCHE, 8, *sept heures du soir.* —Mes craintes d'hier, se sont en partie réalisées. Les *levadons* de la tour de Talat ont été emportés, et les parties de la basse Camargue qu'ils protégeaient sont envahies par les eaux.

» Les vignes de la Crau ont considérablement souffert de la violence du vent.

» Vers midi, le calme a commencé, et l'on a pu continuer le sauvetage des troupeaux.

» Ce qu'il a fallu d'efforts pour sauver, nourrir les inondés, est impossible à dire. 100 bateaux journellement armés, 50,000 bestiaux sauvés, des batardeaux et des digues suplémentaires construites de toutes parts, du pain fourni aux indigents, à tous les habitants des campagnes et aux communes voisines, telle a été l'œuvre de l'autorité municipale, énergiquement et habilement secondée par M. le baron Devaux, sous-préfet d'Arles. »

C'était là heureusement le dernier épisode de cette longue et douloureuse catastrophe ; le Rhône continuait à décroître, les eaux s'écoulaient rapidement, et quelques cantons pouvaient conserver uue lueur d'espoir pour les moissons qui n'avaient été que peu de temps inondées.

Nous devrions terminer ici cette triste nomenclature, où les noms des lieux seuls changent tandis que les désastres restent les mêmes, mais nous ne pouvons nous empêcher de jeter un rapide coup d'œil sur le département du Gard, où le village de Comps, situé près du confluent du Gardon dans le Rhône, n'a pas eu moins à souffrir de l'inondation que les autres communes riveraines ; il a été complétement envahi par les eaux.

Dans certains endroits, des familles n'ont pu être sauvées qu'en pratiquant des issues sur les toits. L'église même, qui est dans une position élevée, n'a pas été à l'abri du fléau. Une maison a croulé, d'autres menacent ruine, plusieurs murs se sont aussi écroulés, et un grand nombre sont plus ou moins lézardés.

Le département de Vaucluse n'était pas moins éprouvé. Plusieurs jours durant, les habitants d'Avignon avaient vu leurs rues et leurs places submergées; prisonniers dans leurs maisons, il ne pouvaient se secourir les uns les autres. Une partie de ces remparts qu'ils montraient avec orgueil aux étrangers, vestiges splendides du séjour des Papes au moyen-âge dans cette ville, ont été renversés, écrasant dans leur chute les habitations voisines.

Énumérer l'étendue des dommages causés par l'action du fléau que nous avons essayé de raconter est impossible pour le moment; trop tôt la France le connaîtra par le travail qui se fait dans les communes ravagées; qu'il nous suffise de dire dès à présent que le désastre est immense, et que ce ne sera pas trop de la générosité d'un peuple tout entier pour le réparer imparfaitement, et transportons-nous sur les rives de la Loire où le même spectacle nous attend.

INONDATIONS DE LA LOIRE.

Avant d'aborder les inondations de la Loire, qui nous semblent mériter une attention toute spéciale, jetons un coup d'œil sur les départements qui formaient l'ancienne Guienne et le Languedoc. Nous trouvons là aussi des fleuves débordées, des digues renversées, des campagnes où les eaux n'ont pas laissé une gerbe au moissonneur, des habitations en ruines, des populations sans asile et sans ressource. La Dordogne, la Garonne, l'Adour, le Lot ont promené dans cette contrée les mêmes ravages que dans les provinces de l'est et du centre la Loire et le Rhône ont exercés.

Cependant, bien qu'immense, le désastre n'est pas complet, et la pitié qu'on ressentirait pour les maux éprouvés par les habitants de cette partie de la France, s'ils étaient les seuls à plaindre, s'amoindrit et devient moins vive en présence d'une autre désolation dont vingt années de calme des éléments, aidées du travail incessant de l'homme, auront bien de la peine à cicatriser les plaies.

Pour donner une idée des malheurs que les limites de cette notice ne nous permettent pas de reproduire en détail, nous rapporterons l'épisode suivant.

Dans la journée du 30, on vint annoncer qu'un désastre inouï menaçait plusieurs villages situés à douze kilomètres de la ville, sur la route de Mende à Marvejols. Il ne s'agissait de rien moins que de la chute imminente d'une montagne qui domine au nord le village de Barjac et la ferme-école de Recoulettes.

Des secousses convulsives, des craquements sourds et prolongés s'étaient fait sentir dans le village, ébranlant profondément le sol, et jetant la consternation dans la contrée.

Les oscillations perpétuelles qui se faisaient sentir jusque dans les maisons avaient forcé les habitants à chercher ailleurs un refuge et un abri.

A peine étaient-ils parvenus sur le versant opposé, où s'étaient déjà réfugiés les habitants des villages voisins, que la montagne entière fut prise d'une oscillation immense; un roulement qu'aucune expression humaine ne peut rendre se fit entendre, et la partie inférieure, franchissant les 500 mètres qui la séparaient de l'autre versant, se précipita dans le fond de la vallée, comblant le lit du Lot, les prairies inondées, et engloutissant toutes les habitations, les arbres, etc. En un instant, il ne resta rien autre chose qu'une digue immense au cours des eaux de plus de 100 mètres d'élévation sur un parcours de plus de 500 mètres de longueur et de 48 hectares de superficie.

Le Lot, séparé en deux par un éboulement aussi considérable, forme au-dessus de ce barrage immense un lac dont il ne sera possible de faire écouler les eaux qu'avec des travaux gigantesques. Il n'existe ni à droite ni à gauche aucune vallée par laquelle la rivière puisse aller rejoindre son lit primitif.

Les riverains de la Loire ont, comme ceux du Rhône, des dates lugubres à inscrire dans les annales de leur histoire. 1856 est venu rouvrir les plaies mal fermées de 1846; l'inondation présente a tout fait oublier, et il a fallu fouiller dans les archives du passé, remonter jusqu'à 1701 pour trouver un précédent qui puisse être comparé à la catastrophe actuelle.

Nous ne décrirons pas le cours de la Loire, les provinces que le fleuve traverse et dont une partie, la Touraine, a reçu ce beau nom de Jardin de la France; nous arriverons immédiatement au récit douloureux de l'événement qui a transformé en steppes arides ces riantes et vertes campagnes, et porté le deuil

9

dans ces cités opulentes qui bordent ses rives. Jusqu'à Roanne, la Loire n'est qu'une rivière profondément encaissée et à peine flotable à quelques moments de l'année. A partir de Roanne elle devient navigable ; ses berges s'abaissent, et ses crues, comme celles du Rhône, étant très rapides, on est obligé de se prémunir contre elles par des digues et des levées. Enfin, après mille capricieux détours, elle vient, au-dessous de Paimbœuf, se jeter dans l'Océan Atlantique.

Ces quelques notions nécessaires étant sommairement indiquées, disons quelles furent les ruines que ce fleuve sema sur sa route.

Les pluies du mois de mai avaient déjà une première fois fait sortir de leur lit la Loire et ses affluents ; celles des 27, 28 et 29 du même mois, survenant au moment où les eaux étaient encore grosses, firent prévoir une crue plus forte que celle qui venait d'avoir lieu. Ces prévisions, on le sait, furent confirmées et dépassées.

On écrivait d'Andrézieux, le 29 mai :

Depuis trente-six heures, il pleut à torrents. La Loire est déjà très grosse. L'échelle du pont marque 3^m,30. La plus grande crue, celle de 1846, marquait 4 mètres. Dieu veuille que l'eau n'atteigne pas ce chiffre de sinistre mémoire ! déjà elle a franchi les deux côtés du pont. Le village est dans la consternation. Le Bonson et le Furens sont énormes.

Le lendemain, on apprenait de Montbrison que la Loire supérieure avait débordé sur tout le littoral ; les maisons étaient envahies par l'eau.

Le 31, la dépêche suivante était adressée aux préfets des départements riverains de la Loire, par M. le préfet de la Nièvre.

« La Loire continue à monter avec une extrême rapidité. Depuis quatre heures, sa marche ascensionnelle est de 16 centimètres à l'heure. Le fleuve est à 5^m,75 au pont de Nevers. Il est à craindre que la crue ne continue une partie de la nuit, et que les eaux ne dépassent toutes les crues connues, celle de 1846 exceptée. Les levées résistent jusqu'à ce moment ; je les fais consolider ; on y travaillera toute la nuit. »

« Minuit,

« On abandonne les travaux, l'eau passe sur les levées. »

Chaque heure, chaque instant qui s'écoulait voyait se réaliser ces craintes. Le 1er juin, la Loire renversait les levées à Buzin ; le 2, on écrivait de Châteauneuf que la levée de la rive droite, située immédiatement à l'aval du pont, entre le pont et l'angle est du mur du Château était très sérieusement menacée. Les travailleurs faisaient des efforts inouis, et c'est grâce à leur zèle et à leur persistance que la levée n'avait pas été emportée.

Le pont de Châteauneuf résistait.

La route impériale 152 était couverte de plus de deux mètres dans le bas de *Faux-Juif*.

On apprenait à la même date de Gien, que le pont de Sally était emporté, ainsi que la levée, à la hauteur de Saint-Gondon.

La journée du 3 juin vit se renouveler pour

la ville de Jargeau les horreurs du déluge universel. La brèche se forma un peu au-dessous d'un quartier appelé la Tuilerie ; sa largeur était de près d'un kilomètre, et il est facile de se faire une idée des ravages occasionnés par cette ouverture où se précipitait la Loire ; tout ce que les eaux rencontraient : arbres, récoltes, chaumières, bestiaux, était impitoyablement renversé et emporté.

Quelques lignes que nous empruntons au *Journal du Loiret*, donneront une idée exacte du spectacle que présentait Jargeau après la rupture de la digue qui le protégeait.

« Maisons écroulées, soulevées, fouillées, emportées comme par un tourbillon du désert, toits qui s'affaissent, murailles à demi renversées, débris épars, décombres informes, excavations profondes et remplies d'eaux fangeuses, ville saccagée, hachée, broyée, et en face une brèche béante, large de 750 mètres, qui a livré passage au torrent dévastateur.... Voilà Jargeau ! »

A Amboise, la levée dont la hauteur était

supérieure au niveau des eaux de 1846 était renversée ; les eaux libres de toute entrave se répandaient dans la plaine. La gare était bouleversée, la digue emportée avec le télégraphe.

A Orléans, le 3 juin, malgré les efforts de la population civile et militaire, l'inondation envahit la ville, et *le Moniteur du Loiret* donnait ce triste bulletin :

« Les dégâts que nous avons signalés continuent et atteignent des proportions considérables. Des maisons situées dans des rues élevées se lézardent et s'affaissent à chaque instant. Des excavations menaçantes se produisent de toutes parts.

» Des quartiers entiers semblent reposer en ce moment sur un fonds humide et quasi délayé. De là les affaissements.

» Toute la partie de la ville située entre la rue Bourgogne et la Loire, depuis la porte Bourgogne et le coin Maugars, est dans cette situation.

» Il en est de même dans d'autres quartiers, du côté de l'Entrepôt et de Saint-Laurent.

» Quel que soit le nombre des maisons atteintes jusqu'à présent, il faut s'attendre à le voir augmenter encore par le retrait des eaux. On ne saurait recommander à cet égard aux habitants trop de prudence et trop de précautions.

» Les dégâts causés par l'inondation ont interrompu presque toutes les communications du chef-lieu avec le reste du département. Aussi est-il impossible d'avoir des renseignements sur la plupart des localités atteintes par les eaux. Cependant l'administration a reçu quelques informations que nous allons brièvement résumer, les voici :

» Les levées de la Loire ont été rompues à Cinq-Mars-la-Pile, entre La Varennes et La Daudière, sur une longueur de près de 100 mètres.

» A Savonnières, le pont et tout un village ont été emportés ; on n'a point appris que personne ait péri. »

A Richemont, le pays est inondé. Le lendemain, la Loire continuait son mouvement ascensionnel, mêlant ses eaux à celles du Loiret aussi débordé. Les deux rivières ne formaient plus qu'un seul fleuve, ou plutôt une seule et immense nappe d'eau.

Jargeau n'était plus qu'un monceau de ruines; Orléans venait à peine d'échapper au même sort; la capitale de la Touraine ne tarda pas à voir commencer les jours de deuil qu'elle devait traverser.

La ville de Tours est située sur la rive gauche de la Loire, entre le fleuve et son confluent avec le Cher. Elle était donc exposée aux mêmes désastres que la partie du territoire d'Orléans comprise entre la Loire et le Loiret. La rivière et le fleuve opérèrent leur jonction comme à Orléans, et toute la ville fut envahie par les eaux. Des témoins oculaires annonçaient que la gare du chemin de fer était complétement submergée jusqu'au premier étage. Cinquante maisons environ étaient écroulées. On allait en barque dans la rue

Royale. L'imprimerie du *Journal d'Indre-et-Loire* avait été envahie par les eaux.

Les dépêches suivantes que l'on recevait à Orléans sur la situation de Tours et de ses environs, et que *le Moniteur du Loiret* publiait, font encore mieux comprendre dans leur énergique concision la grandeur et l'imminence du péril que chaque ville redoutait pour elle même ou pour la cité voisine.

« Orléans, 5 juin, 5 heures du matin.

» Voici les renseignements certains qui nous sont parvenus cette nuit :

» A Amboise, trois cents hommes travaillaient sans relâche à maintenir la levée qui a été emportée en 1846, mais on désespérait d'y parvenir.

» Au-dessous d'Amboise, la levée de la Loire, sur la rive droite, a crevé entre Noizay et Vernon. La ligne du chemin de fer a été envahie sur une certaine hauteur, et toute cette plaine est couverte d'une immense nappe d'eau au-delà de Vouvray.

» Une lieue plus bas, et environ deux kilomètres avant Tours, la levée de la Loire de la rive gauche a été emportée entre Montlouis et Tours, en face de Rochecorbon. La voie ferrée a été aussi coupée en cet endroit.

» Par cette trouée, la Loire va rejoindre les eaux gonflées du Cher, et la ville de Tours peut redouter les plus terribles malheurs.»

Grâce à Dieu ces craintes ne se réalisèrent pas complétement; le niveau des eaux du Cher s'abaissa, et la Loire commença aussi son mouvement de décroissance.

A Blois, même fureur des eaux, mêmes scènes de désolation et de désespoir; cependant la ville elle-même n'avait pas à déplorer des pertes bien graves. A Saumur au contraire le fléau se produisait dans toute son horreur, le journal de cette ville le racontait en ces termes :

« Depuis 72 heures déjà, les riverains de la Loire travaillaient avec une activité surhumaine à la consolidation et à l'élévation de la levée.

» Les habitants de la Chapelle, leur digne

pasteur et M. Gerbier, maire, à leur tête, épuisés de fatigues et de veilles, continuaient cependant leurs efforts, lorsque tout-à-coup un bruit sourd se fit entendre, et au même moment, une maison brusquement soulevée par une énorme colonne d'eau, retombait complétement détruite. La Loire venait de rompre l'obstacle qui l'enchaînait, et, libre et furieuse, elle se précipitait dans la vallée, envahissant tout le pays avec une rapidité pour ainsi dire électrique.

» Sur une longueur de plus de dix lieues, pendant toute la nuit de mercredi à jeudi, des cris d'alarme, mêlés au bruit du tocsin, n'ont cessé de se faire entendre. Lorsque l'eau eut envahi la route du Mans jusqu'au faubourg de de la Croix-Verte, des moyens de sauvetage furent organisés.

» Pendant les journées de jeudi et de vendredi, des milliers d'hommes, de femmes et d'enfants, traînant avec eux leurs bestiaux et les quelques débris qu'ils avaient pu arracher à l'élément destructeur, n'ont cessé d'arriver dans la ville où les attendaient tous les soins que réclamait leur triste position.

» La plus grande partie des maisons du bourg de la Chapelle sont détruites, et celles qui restent menacent ruine. L'aspect de la brèche et des ravages que la Loire a faits en cet endroit est au-dessus de toute description.

» Le château de M. Bizoulier, placé à cent mètres environ de la levée, a été emporté comme par la foudre. Le cimetière lui-même, fouillé dans ses profondeurs, s'est vu arracher par le torrent ses cercueils et ses morts. »

Après toutes les cités dont nous venons de dire les douleurs, il en est une, qui plus qu'elles toutes, conservera comme néfaste le souvenir de l'année 1856, c'est la ville d'Angers dont une industrie spéciale, l'exploitation des carrières d'ardoises faisait la richesse ; à cette heure, et momentanément du moins, ces carrières n'existent plus.

A Nantes, les nouvelles se résumaient, à la date du 8, dans ces quelques mots extraits du journal l'*Espérance* :

« La plupart des usines dans les bas quartiers sont inondées, les travaux sont suspendus.

» Les chantiers de constructions ont aussi abandonné leurs travaux par suite de la submersion.

» A Indret, les ateliers de forge sont envahis. L'atelier de menuiserie a été évacué.

» A la Basse-Indre, à Roche-Maurice et à Trentemont, toutes les maisons situées près du fleuve sont baignées, et les plus menacées ont été déménagées. »

Nous terminerons ici ce triste itinéraire qui nous était tracé par les faits eux-mêmes. En effet, et bien que postérieurement à la dernière date que nous venons de citer, la Loire et ses affluents aient eu une nouvelle recrudescence, l'alarme ne dura qu'un instant, et du reste tout le mal possible était fait. Nous regretterons seulement que les bornes restreintes de cette chronique et surtout la pénurie de documents officiels ne nous

aient pas permis, comme pour le département
du Rhône, de rendre un hommage nominal à
tous ces généreux citoyens dont le courage
et le dévoûment furent à la hauteur des circonstances, à ces héros, on peut le dire, qui
dans Orléans, Blois, Tours, Angers, bravant
la fureur d'un élément indompté, osèrent lui
disputer ses victimes et remportèrent ainsi sur
la mort la plus belle des victoires. Nous ne
pouvons que les remercier sans les connaître,
et d'ailleurs n'ont-ils pas déjà trouvé dans
leur conscience et dans la joie de ces époux
qui ne croyaient plus se revoir, de ces mères
qui déjà pleuraient leurs enfants, la plus douce
et la mieux méritée des récompenses !

VOYAGE DE L'EMPEREUR

ET SOUSCRIPTIONS POUR LES INONDÉS.

———

A la première nouvelle que le télégraphe apporta aux Tuileries, des désastres qui venaient de fondre sur la vallée du Rhône, l'Empereur quitta Paris incognito pour éviter les lenteurs des réceptions officielles. Le 2 juin il arrivait à Lyon et se rendait immédiatement sur le théâtre de la catastrophe. Mais le bruit de sa présence s'était répandu avec la rapidité de l'étincelle électrique ; quelques instants à peine s'étaient écoulés et partout la foule se pressait sur son passage et le suivait de ses acclamations, comprenant d'instinct ce qu'il y avait de grand et de généreux dans cette précipitation du souverain quittant sa capitale pour connaître l'étendue des maux qu'il fallait soulager. C'est accompagné de ce cortége sympathique, qu'il parcourut les Brotteaux, les Charpennes, la Guillotière, prodiguant l'or et faisant, par de bonnes et douces paroles, rentrer l'espérance dans le cœur de ces pauvres victimes.

Pour ne citer qu'un des épisodes qui marquèrent son passage, nous rapporterons l'anecdote suivante :

« Une pauvre femme portant un enfant dans ses bras, et deux la tenant par ses jupons, veut s'approcher. Elle trébuche, l'enfant tombe. Aussitôt Napoléon s'arrête, se le fait apporter, l'embrasse et lui met dans la main un billet de banque. Un cri de Vive le Prince impérial est poussé par la foule, et récompense l'Empereur de sa bonne action. »

Plus loin, une femme à peine vêtue de

méchants haillons, voit tomber dans sa main plus d'or qu'elle n'en avait possédé dans sa vie entière ; l'inondation lui avait tout ravi, son mari était blessé et mourant, ses enfants étaient sans abri, elle-même sans forces, éperdue de douleur, ne pouvait demander au travail le nécessaire du moment ; cette aumône était donc pour elle le salut inespéré. Folle de joie, elle se précipite aux pieds de l'Empereur, et malgré ceux qui voulaient l'éloigner, elle couvre de baisers et de larmes reconnaissantes cette main qui venait de transformer pour elle l'avenir.

Le dernier acte du séjour de S. M. à Lyon, fut de s'inscrire pour 100,000 francs en tête de la liste de souscription pour les inondés.

Le lendemain, l'Empereur continua sa route vers le Midi, recevant partout le même accueil, répandant partout les mêmes bienfaits. Mais tandis qu'à Lyon et sans péril il avait pu tout voir, à Tarascon, par exemple, pour se rendre compte par lui-même, il risqua sa vie sur un frêle batelet, où un témoin déclarait qu'il ne se serait pas aventuré pour sauver sa fortune.

A peine de retour à Paris, les sinistres de la Loire lui firent quitter de nouveau sa retraite de Saint-Cloud. Orléans, Blois, Tours, Saumur, Nantes et Angers le virent dans leurs murs, pleurant sur leurs malheurs, consolant les populations par sa seule présence et par ses abondantes largesses. 600,000 francs pris sur sa cassette particulière furent ainsi distribués. Nous renonçons à décrire dans tous ses détails ce voyage triomphal. Nous dirons seulement que rentré dans son palais, l'Empereur a pu se dire : « Cette couronne que l'acclamation populaire avait posée sur ma tête, si je ne l'ai pas prise sur l'autel des mains d'un pape, elle est à cette heure consacrée et bénie par la reconnaissance et l'amour d'un peuple tout entier. »

Nous l'avons dit déjà bien des fois, et nous ne cesserons de le répéter, les désastres sont incalculables, l'évaluation n'en saurait être faite. Mais par cela seul qu'ils sont immenses faudrait-il renoncer à les réparer? et si un ministre a pu dire : « La France est assez riche pour payer sa gloire, » ne pourrons-nous pas dire à notre tour, qu'elle doit être assez riche pour effacer la trace des malheurs survenus à ses enfants.

Du reste, la pitié, la générosité sont unanimes ; partout ceux que le fléau a épargnés ont compris qu'il fallait, selon l'expression d'un publiciste, qu'un torrent d'aumônes réparât le mal causé par un torrent d'eau ; et qu'ils ne pourraient sans remords songer aux plaisirs alors que des milliers de leurs concitoyens erraient sans asile et sans pain.

Le voyage de S. M. a encore surexcité l'élan déjà universel de la charité. Douze millions ont été votés par le corps législatif, et d'autres projets de loi se préparent, qui doubleront ce crédit provisoire. Dans chaque ville, des listes enregistrent les offrandes des particuliers, quelques-unes atteignent, d'autres dépassent le chiffre d'un million.

Le chef de la chrétienté a envoyé 15,000 francs. Le Sultan, reconnaissant de l'appui que la France venait de prêter à son trône, a donné 40,000 francs; la Savoie, le Piémont ont associé leurs noms à ce grand acte de sympathie. Quant aux Anglais, se souvenant qu'il y a quelques mois à peine leurs soldats à côté des nôtres combattaient en Crimée, vivaient de la même vie, souffraient les mêmes peines et mêlaient leur sang sur le champ de bataille, ils ne sont pas restés en arrière. Cette grande et fière nation orgueilleuse de son rang, ne veut jamais être la dernière et prétend ne le céder à aucune autre en générosité comme en courage. Sainte ambition que celle qui tend à faire des heureux! Noble et touchante lutte qui séchera bien des pleurs au lieu d'en faire verser! Un meeting a été réuni à Londres, sous la présidence du lord-maire, et les millions déjà recueillis cimenteront par la reconnaissance l'alliance des deux premiers peuples du monde.

Loin de la France, mais la considérant toujours comme leur mère et souffrant de ses douleurs, les victimes de nos discordes politiques ont aussi envoyé leur offrande. « On n'emporte pas la patrie à la semelle de ses souliers, — écrit Alphonse Karr au *Siècle,* — les réfugiés de Nice vous adressent leur cotisation. » Ailleurs nous avons retrouvé les noms d'Eugène Sue, de Raspail oncle et neveu, du général Lamoricière, du général Bedeau, du comte de Chambord, des princes d'Orléans, et de tant d'autres dont l'énumération serait trop longue.

Nous venons de voir le riche donnant d'une main libérale, et répondant d'avance par ce noble usage de sa fortune à quiconque serait tenté de maudire l'inégale répartition des biens ; que dirons-nous donc de ces aumônes moins splendides, mais plus touchantes encore, qui tombaient de la main du pauvre qui n'a pour vivre que son travail, dans la sébile de l'inondé. Que dirons-nous de ces ouvriers donnant le produit de leur journée ?

de ces soldats faisant le sacrifice de leur prêt?
de ces collégiens se réduisant au pain sec
pour prendre part à la bonne œuvre? Que de
traits touchants et délicats, qu'on ne saurait
trop faire connaître!

Mlle Denain, de la Comédie-Française, M.
Levassor, se sont inscrits pour 500 francs.
Une jeune fille de Lagnieu, Mlle Esterling,
trop pauvre pour faire elle-même une
offrande directe aux inondés, leur a destiné
le fruit de son travail. Un mouchoir brodé
par elle et mis en loterie, a produit douze
francs. Qui ne se sentirait ému en pensant
à ce mendiant aveugle, du Pont-des-Arts, à
Paris, bien connu pour son habileté à jouer
de l'accordéon, vivant au jour le jour des dons
des personnes compatissantes, et qui étalait
sur une pancarte l'inscription suivante :
« J'abandonne la recette intégrale de ce jour
aux inondés. »

Que dire enfin de ce dernier trait que nous
ne pouvons nous empêcher de citer ?

Des personnes charitables faisant, à Lyon,

une quête pour les inondés, pénétrèrent dans une mansarde, et se trouvèrent en présence d'un moribond auquel un prêtre administrait les derniers sacrements. Comme les quêteurs allaient se retirer : « Mon père, dit le malade, donnez mes vêtements, ils serviront à quelques inondés ; pour moi je n'en ai plus besoin. » L'infortuné disait vrai : retombant sur son oreiller et épuisé par ces quelques mots, il expira.

Si nous écoutions notre inspiration, nous aurions bien d'autres faits de la même nature à raconter ; mais nous en avons assez dit pour montrer que, même dans les malheurs les plus grands, il y a un côté consolant. Il existe sans doute dans ce monde bien des êtres égoïstes et méchants, qui n'ont jamais compris la joie intime que donne un bienfait rendu ; mais il y a aussi des cœurs aimants et dévoués, qui ne s'isolent point, ne se replient pas sur eux-mêmes pour éloigner tout contact avec l'infortune, et qui accomplissent la parole du Christ : « Aimez-vous, secourez-vous les uns les autres. » C'est à ceux-là que nous rendons hommage, que nous disons merci, regrettant que ces pages ne puissent avoir assez de retentissement pour être, comme nous l'avons dit plus haut : *le Livre d'or de la Charité!*

DES CAUSES DES INONDATIONS

ET DU REMÈDE A Y APPORTER.

Les inondations ne sont pas des faits isolés et capricieux ; en examinant avec soin leur
histoire, nous remarquons qu'elles suivent une
certaine périodicité. Or, tout événement dont
le retour a lieu à des époques à peu près fixes
doit être assujetti à des lois ; ce sont ces lois,
causes premières du fléau, qu'il s'agirait de
déterminer.

De ces causes, les unes sont *générales*, et
il faut y apporter des remèdes généraux ou

10

faire l'aveu de l'impuissance humaine ; les autres sont *locales*, et c'est par l'étude de l'hydrographie et de la topographie des lieux qu'on peut espérer d'y remédier.

Quant aux causes générales ; sans vouloir nier en aucune façon l'action de la providence divine, et malgré le mandement d'un vénérable prélat, il nous sera permis de ne pas croire que Dieu ait voulu noyer les habitants des Charpennes et autres lieux, parce que quelques enfants d'Israël ont continué d'étaler leurs séduisantes étoffes sur le quai Saint-Antoine, de Lyon, le jour du repos adopté par les chrétiens. Mais gardons-nous de toute controverse théologique.....

Ecartant donc toute cause surhumaine, par cette raison bien simple que nul homme ne pourrait la connaître, il nous reste à examiner succinctement les diverses opinions qui ont été émises sur l'importante question qui fait le sujet de ce chapitre.

M. Audrant pense que les eaux sortent du fond du lit des rivières, refoulées qu'elles sont dans leurs réservoirs sous-corticaux par les marées de la matière ignée en ébullition dans les entrailles du globe. Le remède serait le percement de nombreux et larges puits artésiens. Cette opinion toute scientifique mériterait plus qu'une simple mention ; satisfait de l'avoir produite, nous ne pouvons que la renvoyer à l'Académie des sciences, — si toutefois ce n'est pas le moyen de l'enterrer.

M. Barral, sans donner les motifs de son opinion, propose le drainage ; nous croyons le drainage excellent, mais il ne faudrait pas en faire une panacée universelle.

M. Chameaume prétend qu'il n'y aurait plus d'inondation si l'on parvenait à soutirer l'électricité des nuages ; mais il a oublié d'appuyer sa théorie sur des démonstrations suffisantes, et en général nous croyons peu à ces remèdes souverains fondés sur une théorie inexpliquée et bien souvent inexplicable.

M. Petit, directeur de l'observatoire de Toulouse, présente une opinion que la position scientifique de son auteur ne permet pas de passer sous silence.

« La terre, dit-il, passe tous les ans, au mois de mai, derrière une espèce d'immense nuage météorique formé par un large anneau renfermant des myriades de corpuscules qui circulent dans l'espace, autour du soleil, et qui interceptent, quand ils se trouvent entre cet astre et nous, une portion notable de la chaleur solaire. Mais chaque année, les parties de l'anneau ne sont pas les mêmes, et après une certaine période de temps, le mois de mai redevient à peu près semblable aux mois de mai successifs de la période précédente. »

Enfin, nous énoncerons sans la discuter l'opinion de M. Nérée-Boubée, affirmant que les inondations sont le résultat d'une loi naturelle et nécessaire, car alors il n'y aurait plus qu'à courber la tête et à se résigner. Mais l'homme orgueilleux de ses découvertes, l'homme que le progrès sollicite de plus en plus à la conquête du globe, ne peut se résoudre à ce fatalisme. Le poète lui a dit : Heureux qui peut connaître !... Depuis, il a constamment cherché, et ce n'est pas nous qui viendrons lui dire : Arrête, c'est assez. Non ! l'homme doit toujours exercer son intelligence à lever le voile de la nature, afin de se rendre maître de ses secrets; et c'est pourquoi nous voudrions, — l'occasion est favorable, — qu'un concours fût ouvert sur ce sujet dont l'importance n'a pas besoin d'être démontrée.

Pour rentrer dans notre sujet, et après avoir noté encore l'opinion de M. Fabre, qui pense trouver la cause des pluies torrentielles, et par suite des inondations, dans le *Siroco,* et a fait à ce sujet une communication intéressante à l'Institut, nous rappellerons, comme étant plus immédiate et par conséquent plus facile à conjurer, la cause que signale M. Jobard, de Bruxelles.

Cette opinion est simplement celle que la cause des inondations se trouve dans le déboisement des montagnes. M. Jobard l'a traitée le premier de tous, avec chaleur, con-

viction et talent, et nous ne sommes pas
éloigné de nous y rallier. Malheureusement, le
doute vient toujours empêcher l'affirmation
positive. Toute rationnelle que soit cette opinion, elle a trouvé dans M. Burat un contra-
dicteur sérieux, qui, armé des enseignements
de l'histoire, l'a battue en brèche.

« On n'a qu'à lire, dit cet écrivain, les des-
criptions que César et Dion faisaient du pays
des Gaules, et l'on se convaincra que dans
ces temps où les forêts couvraient la moitié
ou les deux tiers de notre territoire, le fléau
ne s'en faisait pas moins sentir. Nos plaines,
suivant ces deux historiens, étaient couvertes
d'eaux croupissantes : le Hainaut, la Flandre,
le Boulonnais étaient submergés ; Paris était
entouré de marécages ; Bordeaux reposait sur
un marais à l'embouchure de la Garonne, et
toutes nos rivières, mal contenues, se répandaient sur leur rives en y formant des flaques
d'où s'exhalaient des miasmes pestilentiels.
Si nous passons au temps du moyen-âge, nous
trouvons que les débordements de l'année

490 causèrent la peste ; qu'en 580, des pluies énormes ayant enflé prodigieusement tous nos fleuves, il s'ensuivit d'effroyables inondations, surtout à Lyon, où le Rhône et la Saône réunis franchirent leurs rives, renversant une partie des murailles, détruisant un grand nombre d'édifices, à ce point que les habitants épouvantés se réfugièrent, avec leurs femmes, leurs enfants et tout ce qu'ils avaient de plus précieux, sur les collines de Saint-Just et de Saint-Sébastien. L'histoire signale encore les inondations de 809, qui ne furent pas moins désastreuses, celles de 1003, qui virent la Loire s'élever à une hauteur prodigieuse ; celles de 1030 à 1033 qui occasionnèrent une affreuse famine ; celles de 1219 et de 1427, à la suite desquelles la Seine couvrit l'île Saint-Louis tout entière, et s'éleva sur le quai Saint-Paul à la hauteur du premier étage des maisons.

» Si nous signalons ces exemples entre beaucoup d'autres, c'est pour montrer que le fléau sévissait même aux époques où les

montagnes et les plaines étaient couvertes
des plus magnifiques forêts. Le déboisement
a pu, sans doute, ajouter à la fréquence ou à
l'énergie des crues ; mais il n'est qu'une cause
aggravante, et il n'a fait d'ailleurs qu'agir en
concurrence avec plusieurs autres. Ainsi, à
mesure qu'un pays se civilise, à mesure que
l'agriculture se perfectione, on se débarrasse
des eaux qui autrefois séjournaient sur le sol ;
les villes creusent des égouts, les routes se
bordent de rigoles, les champs s'entourent de
fossés, et le drainage va bientôt compléter ce
système général d'asséchement. Tous ces
progrès de la civilisation, de l'assainissement
et de la culture, ont également pour effet de
faciliter, de hâter l'écoulement des eaux, et
l'on comprend qu'à la suite de pluies diluviennes ou persistantes, ils puissent contri-
buer dans une certaine mesure à la crue de
nos rivières.

» Il résulte de là que lors même qu'on serait parvenu à reboiser, à regazonner les
montagnes, ce qui ne pourrait d'ailleurs

s'exécuter que lentement, on ne serait pas encore délivré des inondations. »

Que conclure de toutes ces opinions divergentes ? Que la cause première nous échappe et que nous ne commençons à soupçonner que les causes secondaires et aggravantes. Mais si nous parvenons à bien connaître celles-ci, nous pourrons espérer d'arriver de déduction en déduction à la cause première. En attendant, il est convenable d'employer les remèdes que la prudence suggère. Les principaux, à notre avis, sont le reboisement des montagnes et l'aménagement des eaux par des canaux d'irrigation.

Maintenant disons un mot des causes locales et du remède qu'elles comportent.

Nous serons brefs, car il nous faudrait consulter la topographie de chaque lieu. Il nous suffira de dire qu'en général on a trop empiété sur le lit des rivières, on a bâti trop près de leurs bords, on a élevé trop de digues intempestives. Les barrages artificiels sont venus s'ajouter aux barrages naturels. La compression pour être efficace devrait être en tout, partout et toujours; mais cela est aussi impossible physiquement que moralement. Il arrive une heure où le flot trop longtemps comprimé se soulève ; il devient torrent, et dispersant au loin ce qui lui faisait obstacle, ravage les campagnes et les cités qu'il aurait embellies si on l'avait laissé à son cours naturel.

Un journal de Paris rappelle, à ce propos l'opinion émise par Vauban, l'un des esprits les plus éminents qu'ait possédés la France, et qui fut aussi grand économiste que grand ingénieur.

Consulté par Louis XIV sur la question du débordement des fleuves, Vauban exprima l'avis qu'un des meilleurs moyens de rendre plus rares les grandes inondations consistait à entretenir toujours en bon état de *profondeurs et de largeur* le lit des fleuves et des rivières.

Nous ne reproduirons donc pas l'intéressante discussion qui a eu lieu entre le *Cour-*

rier de Lyon et un savant manufacturier, dont Lyon s'honore, M. Coignet, non plus que divers systèmes plus ou moins excentriques, ayant pour but, à Lyon, par exemple, de divises les eaux du Rhône, soit à leur entrée aux Balmes Viennoises, soit à leur sortie à la Mulatière. M. Denonfoux nous permettra également de ne pas approuver son projet, de remplacer à Lyon le fleuve qui est l'un de ses plus beaux ornements, par un canal. Comme on le lui a dit, avant nous dans une lettre publiée dans un journal de cette ville et restée sans réponse, le remède serait pire que le mal.

Au reste, la sollicitude du Gouvernement est éveillée, et en attendant que la science ait trouvé un remède général, les administrateurs de nos départements, aidés des connaissances pratiques de nos ingénieurs, arriveront certainement à neutraliser pour l'avenir les ravages du fléau destructeur.

FIN.

TABLE

www.ingramcontent.com/pod-product-compliance
Lightning Source LLC
Chambersburg PA
CBHW072015080426
42733CB00010B/1717